汉字有秘密

吴京鸣　编著

叁

化学工业出版社

·北京·

内容简介

本书为《汉字有秘密》分册之一，涉及48个汉字，并将所选汉字分为9组，通过对这些汉字的字形演变以及字义解释进行说明，展示同组汉字之间的联系与区别，使孩子了解汉字的起源和演变，以达到认识汉字、理解汉字含义的目的。每个汉字后面分别设"汉字小秘密""汉字故事馆""汉字知识馆"等板块，加深孩子对汉字的认识，让孩子轻轻松松学汉字。本书适合5～8岁孩子及家长阅读。

图书在版编目（CIP）数据

汉字有秘密. 叁/吴京鸣编著. —北京：化学工业出版社，2022.4

ISBN 978-7-122-40637-8

Ⅰ.①汉… Ⅱ.①吴… Ⅲ.①汉字-儿童读物 Ⅳ.①H12-49

中国版本图书馆CIP数据核字（2022）第018048号

责任编辑：曾照华　　　　　　　　文字编辑：李　曦
责任校对：王　静　　　　　　　　装帧设计：梧桐影

出版发行：化学工业出版社
　　　　　（北京市东城区青年湖南街13号　邮政编码100011）
印　　装：北京宝隆世纪印刷有限公司
889mm×1194mm　1/20　印张8　字数102千字
2024年5月北京第1版第1次印刷

购书咨询：010-64518888　　　　　售后服务：010-64518899
网　　址：http://www.cip.com.cn
凡购买本书，如有缺损质量问题，本社销售中心负责调换。

定　　价：69.00元　　　　　　　　版权所有　违者必究

前言

　　汉字，是古老而优美的文字，它的表意性使其成为世界上唯一能跨越时空的文字。《汉字有秘密》将带领孩子在识字之初，去探寻这些古老汉字的秘密。

　　本套书共四册，每册都以分组的形式，展现相关联汉字的字音、字形、字义，同时辅以相关传统文化故事、知识，帮助孩子巩固记忆。

　　具体特点如下。

一　追寻字源，解读汉字的秘密。

　　从最早能够识别的甲骨文，到后来的金文、篆文、隶书，再到如今我们人人熟知的楷书，汉字几经变化，字体万千，于是本套书严格参考《甲骨文字典》《汉字字源》等专业书籍，整理出更准确字源，以图文的形式生动解读"汉字的秘密"。

二 "字源＋故事＋知识"，多角度加深记忆。

每个汉字后面分别设"汉字小秘密""汉字故事馆""汉字知识馆"等板块，以"字源＋故事＋知识"的形式，在趣味中巩固对所选汉字的认识，因为所选的故事与知识都与传统文化相关，所以还能起到一定的知识拓展作用。

三 同类分组，对比学习。

本套书将所选汉字进行分组，充分展示同组汉字之间的联系与区别，辅助孩子加深对所选汉字的认识，对比着进行学习。另外，本书涉及的多音字的注音原则如下：字头只标出本书重点讲解的字义对应的读音。

在这本书中，孩子可以探寻汉字的秘密，可以欣赏精美的手绘图画，可以了解不同朝代的文化知识……希望这套书可以让每一个孩子在认识汉字、了解汉字的路上有所收获。

最后，要感谢为这套书的面世而付出辛劳的编写老师，正是因为他们共同的付出和努力，才让这套书更完善。由于能力有限，书中难免存在不足之处，还望广大读者提出宝贵意见。

编者

2023年8月

目录

第一组

目　眼　眉
看　望　睡

目 mù

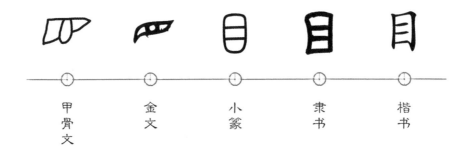

| 甲骨文 | 金文 | 小篆 | 隶书 | 楷书 |

　　"目"是象形字，意思是眼睛，古人造"目"字时本来是依照眼睛的外形横着画，经过长时间的演变，慢慢变成竖着写，最后就是我们现在看到的"目"字啦。眼睛是心灵的窗户，小朋友们要好好保护自己的眼睛哟！

汉字故事馆

| 一叶障目 |

有一个楚国人，他家里很穷，生活非常困难。一天，他看到《淮南子》上写道：如果得到螳螂窥探蝉时用的那片树叶，用那片树叶遮蔽自己的身体，就可以隐身。他信以为真，便跑到树下仰头观望，恰好看到一只螳螂正躲在一片树叶后，窥探树上的鸣蝉，伺机捕猎。于是，他连忙把那片树叶摘下来。不料，那片树叶落到了地上，与树下原有的落叶混在一起，根本分不清哪片是他要找的树叶了。

楚国人无奈，只好拿来扫帚，扫了很多落叶回家，准备一片一片地试。他用树叶遮住自己的眼睛，问妻子："你看得见我吗？"妻子如实回答说："看得见！"就这样一问一答了一整天，妻子被他问得厌烦了，随口答了一声："看不见了！"楚国人一听，大喜过望，马上带着这片树叶出门了。他来到街上，用树叶遮着眼睛，面对面地去偷别人的东西，最后被抓到衙门去了。县官审问他时，他老老实实地交代了事情的始末，县官听后哈哈大笑。

汉字知识馆

　　李时珍自幼爱好医学，喜欢研究医药，成年后子承父业，跟着他的父亲开始了行医生涯。李时珍花了整整27年的时间，将自己行医的经验以及对药物的研究记录下来。经过反复修改整理，完成了举世闻名的医学巨著《本草纲目》。

　　《本草纲目》一书共有190多万字，它是中国药物学几千年来的总结。《本草纲目》不仅在药物学方面有巨大成就，在化学、地质、天文等方面都有突出贡献。

眼
yǎn

汉字小秘密

小篆　　　　　　隶书　　　　　　楷书

　　虽然甲骨文时已经有"目"字了，但同样表示眼睛的"眼"却到篆文时才被造出来。它是一个形声字。人们又根据眼睛的形状，把"眼"字引申出了小洞、窟窿的意思，如泉眼。

汉字故事馆

| 有眼不识泰山 |

我国春秋战国时期有一位著名的木匠大师，名叫鲁班。他为了将木匠手艺传承下去，就招收了一些徒弟。

鲁班十分珍视自己的声誉，每隔一段时间，就会将个别"不成器"的徒弟淘汰。鲁班的徒弟中有个叫泰山的年轻人，看上去比较愚笨，进入班门后技艺长进也不大，于是，鲁班便淘汰了他。

过了好几年，鲁班带着徒弟们在集市闲逛，发现一个货摊上摆着许多做工讲究、精美的家具，技艺达到炉火纯青的地步。买家具的人在摊位前排起了长队。爱才的鲁班很想结识一下这位制作家具的高手，便向人打听。人们告诉他，这些家具是鲁班大师的徒弟、赫赫有名的泰山做的。鲁班大吃一惊，想起当初淘汰了泰山，感到非常后悔，长叹一声："唉，我真是有眼不识泰山啊！"

从此，鲁班再也不淘汰手艺不精的徒弟，而是耐心地将自己的全部技艺传授给他们，这些徒弟也没有辜负他的悉心教导，都成了出色的木匠。

汉字知识馆

古代人也会近视，但那时的近视眼并不像现在这样常见。据记载，宋代的大文豪欧阳修就是个近视眼，并且已经严重到读书时需要别人帮他念的程度了。清朝的雍正皇帝也近视，不过那时已经有眼镜了。

现在科技虽然发达，有各种各样的眼镜，但近视还是会影响到日常生活，造成诸多不便。小朋友们，一定要爱护自己的眼睛！

眉
méi

| 甲骨文 | 金文 | 小篆 | 隶书 | 楷书 |

"眉"是个象形字，你看它的甲骨文：一只眼睛的上头有两道弯弯的线，这是不是很像我们的眉毛呢？到了金文的时候，"眉"字就更加形象了，两道弯弯的线变成了一条线和三道弯弯的线条，看起来很像我们眉毛上细碎的小毛发呢！

汉字故事馆

| 画眉鸟的传说 |

你见过画眉鸟吗？它的眼睛周围长着一圈拖着长尾的白纹，像极了秀美的蛾眉。在民间传说中，"画眉鸟"这个名字还是西施给取的呢。

相传，吴国灭亡后，范蠡和西施为了躲避越王勾践的追杀，一个化名为"陶朱公"，一个装扮成商人的妻子，四处流亡，最后辗转到今德清县的蠡山脚下居住。

蠡山下有一条小河，河水清澈见底，西施每天清晨都会来到河边，借着水面映出的倒影，为自己梳洗装扮，她喜欢用黛笔画眉，每天都把两条蛾眉画得格外好看。

这天，有一群黄褐色的小鸟儿飞过河边，正巧遇上正在画眉的西施。这群小鸟被西施美丽的容貌吸引，都落到河边的翠竹上，还学起了西施的样子，互相用尖喙画着彼此的眉毛。

西施画好了眉毛，起身要回草庐，抬头却看见鸟儿们在学她画眉毛呢！她觉得有趣极了，连忙叫来范蠡看这新奇的一幕。西施对范蠡说道："不知这是种什么鸟儿，你看它们会学着我的样子画眉，不如就为它们起名为'画眉'吧。"

从此，人们就把这种小鸟儿叫作"画眉鸟"了。

汉字知识馆

古人一直都很注重眉毛之美，除了天生好看的眉形外，各种独特有寓意的眉形也很受人追捧，那古人用什么画眉呢？最早的画眉材料是"黛"，它是青黑色颜料，所以又称"石黛"。但是在民间，一些女子用不起石黛，只能用燃烧后产生炭黑的柳条来画眉。随着时代的变化，青黛、铜黛和螺子黛也相继出现，其中螺子黛最为珍贵，这种产自波斯的画眉材料一般只有王公贵族才用得起。

kàn

小篆　　　　　隶书　　　　　楷书

　　"看"的本义是观望。当我们在看一个东西的时候，会为了挡住刺眼的光而习惯性地把手搭在额头上再去看。古人也是这样的，所以他们在创造"看"字的时候，就画了一只"ナ（手）"搭在"目"上来表示"看"这个动作。

汉字故事馆

| 刮目相看 |

三国时期，东吴有一位著名的大将军叫吕蒙。他打仗非常勇猛，很快就受到了东吴君主孙权的重用。吕蒙虽然经常打胜仗，但是肚子里却没什么墨水，不懂得礼仪方面的事，做事也比较粗鲁。

有一次，孙权对吕蒙说："你现在当权掌管事务，只知道带兵打仗是不够的，应该多读书，增长见识，这样才能让大家信服。"吕蒙说："我整天有处理不完的军务，哪里还有时间看书呢？"孙权听了他的话，便拿自己的例子来激励他。于是，吕蒙开始专注读书，终日不倦，他所看的书比老儒生还多。

后来，鲁肃带领军队经过吕蒙的驻地时，两个人谈论天下时事，鲁肃发现吕蒙的举止谈吐跟以前相比好像换了个人，他感到非常惊讶，吕蒙笑着说："朋友相处，三日不见，当刮目相看，我早就不是从前那个粗鲁的人了！"鲁肃看到他的进步，心服口服。后来，吕蒙也不负所托，帮助孙权成就了江东霸业。

汉字知识馆

　　"看"是一个多音字，当它的读音是"kàn"时，是指使视线接触人或物，访问、探望等，比如：看见、看望。当它的读音是"kān"时，则指守护、照料等，比如：看护、看家。

望

wàng

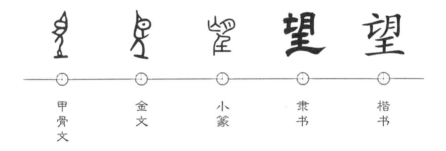

| 甲骨文 | 金文 | 小篆 | 隶书 | 楷书 |

我们看远处的时候，要想看得更清楚，通常会把眼睛睁得大大的，有时候还需要站在高高的地方才可以看到远处。"望"字的甲骨文上面是一只大大的眼睛，下面就像一个人站在一个微微凸起的土堆上，站得高才看得远。因此"望"字的本义就是向远处眺望。

| 望洋兴叹 |

相传在很久以前，黄河里有一位河神，人们叫他河伯。一天，河伯站在黄河岸边，望着滚滚的浪涛向东奔流而去，兴奋地说："黄河可真大呀，世上没有哪条河能和它相比。我就是最大的水神啊！"有人告诉他："在黄河的东面有个地方叫北海，那才真叫大呢。"河伯说："我不信，北海再大，能大得过黄河吗？"那人说："别说一条黄河，就是几百条黄河的水流进北海，它都装得下。"河伯固执地说："我没见过北海，我不信。"那人无可奈何，告诉他："有机会你去北海看看，就相信我的话了。"

于是河伯决定去北海看看。他顺着黄河的水流，来到河水汇入北海的地方。北海的海神笑容满面地欢迎他的到来，河伯放眼望去，只见北海汪洋一片，无边无际，他呆呆地看了好一会儿，不自觉地发出赞叹。之后他面带羞愧地对海神说："俗话说，只懂得一些道理就以为谁都比不上自己，这话说的就是我呀。今天我要不是亲眼见到这浩瀚无边的北海，我还会认为黄河是天底下最大的呢！那样，岂不被有见识的人耻笑。"

成语"望洋兴叹"就出自这个故事，意思是在伟大的事物面前感叹自己的渺小，后来人们用它比喻要做某事而力量不够或条件缺乏而感到无可奈何。

汉字知识馆

　　"望闻问切"是我国古代医者诊断疾病的四种基本方法。"望"是观察病人的面色、舌苔等；"闻"是听病人声息等判断病人的病情；"问"是询问病人自己所感到的症状及以前的患病经历等；"切"是用手诊脉。

睡
shuì

小篆　　　　　　隶书　　　　　　楷书

　　"睡"字左边的"目"表示和眼睛有关系，因为人在睡觉的时候，眼睛会闭上；右边的"垂"是声旁，表示读音。古时候在床上睡觉，称"寝"，包括睡着、睡不着两种状态；入睡称"寐"。

| 睡梦中杀人的曹操 |

曹操生性多疑，一直都担心有人会暗中加害他，这样的恐惧和担忧常常让他连睡觉都不安稳。

他经常对身边的近侍们说："我睡觉做梦的时候，喜欢在梦里杀人，只要我睡着了，你们一定不要靠得太近。"曹操为使众人相信自己的话，在一天夜晚睡觉时，故意蹬开被子，装作受冻但仍然熟睡的样子。一个近侍看到了，就上前想帮曹操把被子盖好，哪曾想曹操突然跃起，拔出身旁的配剑，将他杀掉了。曹操杀人之后，一言不发，重新躺到床上，仿佛什么都没发生一样呼呼大睡起来。过了好一会儿，曹操醒来，假装震惊地问道："是谁杀了我的近侍？"其他的近侍如实相告，曹操听后痛哭不止，下令将那位近侍厚葬。

如此一来，众人都以为曹操果真会在睡梦中杀人，只有一个叫杨修的人清楚曹操内心的小算盘。在被杀近侍的葬礼上，杨修说："不是丞相在梦中，而是你们这些人在梦中。"这话道破了曹操为了使人不敢接近睡梦中的他，而装睡杀人的伎俩。曹操听说杨修戳穿了自己，也愈加厌恶他了。

汉字知识馆

古人在睡觉这件事上十分讲究，单是表示"睡觉"的词汇就有很多，每一种睡眠的深度和姿势都有对应的说法。比如，闭上眼睛叫"眠"。不脱衣服坐着打盹叫"假寐"。"觉"和"寤"则是形容刚刚睡醒时的样子。

原来"睡""觉"在古代是两个单音词，并且各有自己的意义，是古今词义的变迁，才让它有了现在的意义。

口　嘴　叫
唱　吵　吹

口

kǒu

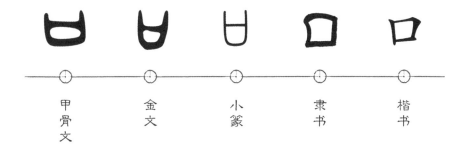

| 甲骨文 | 金文 | 小篆 | 隶书 | 楷书 |

"口"字的甲骨文就是嘴巴张开的样子，所以"口"是个象形字。"口"指的是人或动物进饮食的器官，有的也是发声器官的一部分。所以，一般跟嘴巴有关的字都带有"口"字旁。

| 口蜜腹剑 |

唐玄宗时期，有个大臣叫李林甫，他为人狡猾又擅长花言巧语，与宦官及后宫妃嫔交往甚密，并通过他们掌握了皇帝的一举一动，因此每次上朝奏事都符合皇帝的心意，玄宗很喜欢他，还让他做了宰相。

李林甫当上宰相之后，凡是才能、声望超过自己，或在权位上超过自己的人，他必定想方设法地除掉。有时候，他会表面与人为善，说些好话，暗中却加以陷害，因此世人都说他："口有蜜，腹有剑。"有一次，他装作很诚恳的样子对另一个官员李适之说："华山出产大量黄金，如果能够开采出来，就可大大增加国家的财富。可惜皇上还不知道。"李适之以为这是真话，连忙跑去建议玄宗快点开采。玄宗一听很高兴，立刻把李林甫找来商议，李林甫却说："这件事我早知道了。华山是帝王风水集中的地方，怎么可以随便开采呢？劝您开采的人，恐怕不怀好意。我几次想把这件事告诉您，只是不敢开口。"玄宗听了这番话，对李林甫更加喜爱，对李适之反而很不满意，并逐渐疏远了他。

后来人们就用"口蜜腹剑"来比喻口头上说的话像蜜一样甜，肚子里却怀着害人的坏主意。

汉字知识馆

以下是和"口"有关的成语。

百口莫辩：即使有一百张嘴也辩解不清，形容事情无法说清楚。

口是心非：指嘴里说的是一套，心里想的又是一套，心口不一致。

口若悬河：说话像瀑布流泻一样滔滔不绝，形容人能言善辩。

有口皆碑：人人的嘴都是记颂功业的碑，比喻人人称颂。

脍炙人口：美味人人都爱吃，比喻好的诗文或事物人们都称赞。

守口如瓶：形容说话非常慎重或严守秘密。

嘴

zuǐ

嘴　　　嘴

隶　　　楷
书　　　书

　　"嘴"是一个形声字。我们现在都知道"嘴"就是"口"的意思，那既然已经有"口"这个字了，为什么还要创造"嘴"这个字呢？原来，"嘴"的本义可不是指我们人类的嘴，而是用来特指鸟类尖尖的嘴，后来才慢慢地引申为人和动物的嘴巴。

汉字故事馆

| 狗嘴不会吐象牙 |

从前，有一个名叫丁野鹤的才子，他曾入朝为官，但仅仅一年就厌恶了官场的尔虞我诈，于是拂袖辞官，回归故里，以诗酒为乐。

这年春天，京里有个尚书要去湖广地区巡视，他听说丁家诗书传世，有一个叫丁野鹤的人更是才华横溢，便决定去丁家一探虚实。

尚书的随从快马加鞭赶到丁家，将这个消息告知丁家人，要他们立即准备接待。丁家上下忙成一团，打扫客厅、洗刷器皿、买办佳肴，生怕招待不周。

尚书到达之后，丁家大摆宴席，热情接待。尚书在丁家一住三天，见丁野鹤果真才华出众，心里虽然佩服，却也暗暗嫉妒。这天，尚书喝得醉醺醺的，吵着到郊外欣赏山村风光。丁家人只好带他到村头游玩，适逢一牛娃赶着几头牛在路口啃草。尚书诗兴大发，吟一上联："牛头难能生龙角"，意思是丁野鹤虽诗才满腹，无人可比，但隐居在这山乡薄岭，只是个不能成气候的平民罢了。丁野鹤自然不肯白白被羞辱，随口就接出了下联："狗嘴不会吐象牙"。

尚书气得面红耳赤，却无言以对，只能恼怒而去。

汉字知识馆

　　为什么石狮子嘴里都含着球呢？民间有许多说法，有一种说法是：狮子传入中国后，就被皇家当作御用瑞兽。皇家雕刻了很多石狮子放在皇宫里，可皇宫中的秘密很多，为了避免狮子说出去，就在它的嘴里放个球。还有一种说法是：相传古时候，世间有妖物作乱，一名男子便拜神仙为师，想修炼法术，斩妖除魔。神仙给了他一颗宝珠，只要他将宝珠含在口中，就会变成一只狮子，击退妖魔。后来，人们都雕刻出口含圆珠的石狮子摆放在家门口，用来辟邪镇妖。石狮含珠的习俗也就一直保留到了今天。

叫

jiào

小篆　　　　隶书　　　　楷书

　　"叫"这个字很有趣，我们做出叫这个动作时会习惯张大嘴巴，然后大声叫出来，所以叫的左边是表示嘴巴的"口"字。那右边是个什么字呢？右边是"丩"，看起来很像一个偏旁，但它其实是一个独立的字，读作"jiū"，是"叫"的声旁，表示读音。

汉字故事馆

| 拍案叫绝 |

明代有个著名的才子叫丘濬，他小时候家里很穷，但是他很喜欢读书。相传，他曾经给一位大官的孩子做陪读。

有一天，教书先生有事要出门，便叮嘱两人好好读书。丘濬留在那里写作业，大官的孩子溜出去玩了，后来他不仅把丘濬的作业抢来当作自己的，还抢先向教书先生诬陷丘濬。教书先生心里很清楚，但是没有直接挑明，他只是说："你们谁能够对出我的下联，那我就相信谁。"说着，就出了个上联："点雨滴肩头。"丘濬立刻回答出了下联："片云生足下。"那个大官的孩子哪里会对对子啊，他哭丧着脸，跑回家告诉了自己当官的老爹。

那个大官很生气，立刻派人把丘濬叫来："听说你很能对对子啊。哼，那你给我对个下联出来——孰谓犬能欺得虎？"意思是"小狗怎么敢欺负老虎呢？"丘濬不慌不忙，直接对出了下联："焉知鱼不化为龙！"意思是"你是不知道小鱼也可以化成龙的！"这个大官本来想为难他，听到这个下联后，忍不住拍案叫绝，便放过了丘濬。后来，丘濬果真成长为一代才子。

汉字知识馆

　　叫花鸡是江南名吃，历史悠久，制作时，要用泥巴把鸡包裹起来，然后架火烧泥巴，泥烧热了鸡也就熟了。因为这道菜是乞丐创造的，所以称作叫花鸡。相传有一次朱元璋打了败仗，跑了三天三夜，途中遇到一位老乞丐，老乞丐将自己烤的叫花鸡给了又累又饿的朱元璋。朱元璋吃后赞不绝口，之后，当了皇帝的他便封此鸡为"富贵鸡"。

唱
chàng

| 小篆 | 隶书 | 楷书 |

"唱"字可是一个标准的形声字，你看它左边的"口"字，不用说，肯定是指用嘴巴唱的意思，右边的"昌"字是读音。

汉字故事馆

| 春秋时期的歌唱家——韩娥 |

春秋时期，韩国有位歌唱家名叫韩娥。有一次，她要到齐国去，不料在半路上就断了钱粮，为了获得钱粮继续赶路，韩娥就在雍门那里卖唱，以此来换取食物。韩娥唱起歌来，相当投入。凡是听过她唱歌的人，都会沉浸在她的美妙歌声之中。韩娥离开雍门以后，她那美妙绝伦的余音还在城门的梁柱之间缭绕，在人们的耳边整整回响了三日，好像她并没有离开一样。

有一天，韩娥到一家旅店投宿，店小二见她没有什么钱财，就当众羞辱她。韩娥伤心至极，禁不住拖着长音痛哭。她的哭声扩散开来，附近的男女老幼都为之动容，大家泪眼相向，愁眉不展。韩娥无法投宿，只得离开了这家旅店。人们发现之后，急忙分头去追赶她，将她请了回来，求她再次纵情高歌一曲。韩娥热情演唱，又引得十里之内的老人和小孩个个欢呼雀跃，手舞足蹈，人们忘情地沉浸在欢乐之中，将以往的不愉快都忘掉了。为了感谢韩娥给他们带来的欢乐，大家送给韩娥许多财物和礼品，使她满载而归。

汉字知识馆

京剧是我国传统文化的瑰宝之一，也是我国的国粹。不论过去还是现在，京剧对戏曲表演者技能的要求都是极高的。这其中最主要的技能就是戏曲的四大基本功：唱、念、做、打。

"唱"的第一步是喊嗓、吊嗓，扩大音域、音量，还要掌握分辨字音的技巧。演员要善于运用声乐技巧来表现人物的性格、感情与精神状态。

"念"就是念白，要具有一定的音乐性和节奏感。念白与唱相互配合、补充，是表达人物思想感情的重要艺术手段。

"做"是舞蹈化的形体动作的泛称，通过手、眼、身、步等的灵活运用，使人物的形象更添光彩。

"打"是传统武术的舞蹈化，用以表现战斗生活或特定的情景，如跌跤、挣扎等。

唱字

吵
chǎo

吵　　吵

隶书　　楷书

　　"吵"的本义是大声地吵嚷，吵吵嚷嚷自然是离不开"口"，因此就用它来作偏旁，"少"字是它的声旁，表示发音。"吵"的本义没有发生过变化，沿用至今，比如我们生活中会遇到的吵闹、吵架、吵嘴等。在公众场合大声吵嚷是不文明的行为，小朋友们可不要模仿哟！

汉字故事馆

|用诗"吵架"的文人|

宋朝时，有一位叫黄庭坚的人，他出于大文豪苏轼门下，有不输于苏轼的才情。

苏轼和黄庭坚两人经常借文学互动，时不时地创作出很好的诗句或对联来，相处得很愉快。有时，两人也会互相调侃，用高雅的文字来"吵架"。

有一次，苏轼去黄庭坚家做客，恰好那几天，黄庭坚染了风寒，书房里弥漫着药香，苏轼即兴来了一句："书房好似药室。"黄庭坚是多么聪明的人，立马反应过来，随口接上一句："学士乃是郎中。"苏轼曾做过翰林学士、侍读学士，"郎中"在这里一语双关，学士升任郎中是顺理成章的事，这里既指苏轼的官职，表达了对苏轼的祝福之情，又与上联中的药室相对，指医生，真是应对巧妙。

又有一日，苏轼与黄庭坚在湖边的松树下对弈，忽然有几颗松子落在棋盘上，苏轼顺口吟出："松下围棋，松子每随棋子落。"黄庭坚抬头环顾一看，见湖边有一人在柳树下钓鱼，随口对出："柳边垂钓，柳丝常伴钓丝悬。"二人一个说松子有意，一个道柳丝有情，用的是拟人手法，联中有画，画中有诗，诗情画意，兴味盎然。

汉字知识馆

与"吵架"有关的歇后语。

青蛙闹塘——吵闹不休

半天云里挂锅铲——吵（炒）翻（飞）了天

夫妻俩吵嘴——常有的事

狐狸吵架——一派胡（狐）言

木匠师傅吵嘴——争长论短

吹
chuī

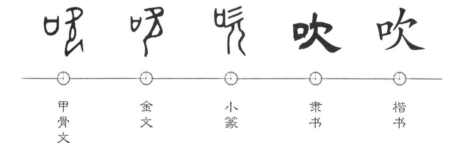

| 甲骨文 | 金文 | 小篆 | 隶书 | 楷书 |

人在吹气的时候，嘴唇要合拢成一个圈，这样气才可以从嘴里集中地吐出来。甲骨文的"吹"字就形象地表达了这个意思：一个人跪坐在地上，合拢嘴唇用力吹气。后来"吹"字一边的人形慢慢演变成了"欠"字，虽然没有了吹气的形态，但是其字义却一直延续了下来。

汉字故事馆

| 弄玉吹箫 |

传说在春秋时期，秦国有个擅长吹箫的年轻人，他优美动听的箫声，常引来孔雀和白鹤在庭前驻足聆听。人们称他为萧史。

当时秦国的君主秦穆公有个名叫弄玉的女儿，从小聪明伶俐，长得蛾眉皓齿、楚楚动人。弄玉非常爱听萧史吹箫，时间长了就渐渐地爱上了萧史。于是秦穆公便将弄玉许配给了萧史，让他们做了夫妻。两人婚后过着幸福美满的生活，萧史常常教弄玉吹箫，还教她通过吹箫模仿凤鸣的声音。

日子就这样过了几年，弄玉的箫声越来越像凤在鸣叫，最后竟引来凤凰飞到了他们的房屋顶上，驻足聆听。秦穆公见到这样的情景非常高兴，他兴高采烈地叫人搭了一个漂亮的凤台，让凤凰与弄玉夫妻住在一起。就这样又过了几年，夫妻二人随着凤凰一道，吹着美妙的乐曲成仙了。

汉字知识馆

　　"吹糖人"是一种传统的民间工艺，据说宋代时就有了，那个时候被称为"戏剧糖果"，是中国民间手工艺品之一。"吹糖人"的工艺已经传承了600多年，今天仍然被人们，尤其是小孩子们喜爱。制作糖人时，要将饴糖加热到合适的温度，揪下一团，揉成圆球，用食指沾上少量淀粉压一个深坑，收紧外口，再快速拉出，拉到一定的细度时，猛地折断糖棒，此时，糖棒犹如细管，就可以鼓起腮帮子用嘴吹气了。不一会儿，饴糖就被吹成薄皮中空的扁圆球状。随后，糖人师傅就会用灵巧多变的手法，捏出造型各异、栩栩如生的糖人啦！

第三组

吃　吐　听
响　吓

吃

chī

汉字小秘密

小篆　　　　　隶书　　　　　楷书

吃饭肯定要用到嘴巴，所以"吃"的左边是个"口"字。"吃"字的篆文的右边跟我们现在的"气"字很像，但是到了楷书的时候，又写成了"乞"字，是"吃"的声旁，表示读音。

汉字故事馆

| 天狗吃月的传说 |

传说很久很久以前，一到晚上，世界就会变得一片漆黑，人们什么都看不见。天帝为了让人们晚上方便一些，就做了一张大饼，并施了法术，让大饼散发柔和的光芒，把它高高地悬挂在天空中，并给这张大饼起名为"月亮"。众仙又给这个饼施了另一种法术，使它每天夜晚升起，为人类照明。可谁料，馋嘴的哮天犬闻到了大饼的香气后，很想尝尝这张叫作"月亮"的饼。碰巧二郎神出门办公务，要半个月才能回来，哮天犬便迫不及待地跑到月亮旁边，一口咬了下去。正想咬第二口时，哮天犬忽然想到，如果吃得太多，肯定会被人发现，到时候肯定吃不了兜着走。于是，它强忍着咽了咽口水，离开了月亮。到了第二天，哮天犬又忍不住来吃月亮，偷偷咬了一口就再次逃跑了。就这样，哮天犬每天都来咬一口月亮，时间一天天过去了，月亮也渐渐变小……

二郎神回来后，发现月亮变小了，他正犯嘀咕，突然发现哮天犬的嘴角挂着一些发光的饼屑，一下子就明白过来。他想，作为执法天神，怎么能让自己的狗把月亮吃了呢？于是，二郎神就悄悄地施法，一点一点地把月亮补回原样。可是，哮天犬忘不了月亮的美味，就趁着二郎神每个月出门的时候去偷吃，而二郎神又不得不在每个月回来的时候去补月。

就这样，月亮圆了又缺，缺了又圆，不断反复着。

汉字知识馆

　　我国是一个有着五千多年文明历史的礼仪之邦，许多传统礼仪遍布我们生活的方方面面。今天我们就来说一说，吃饭时有哪些需要遵守的礼仪吧。

　　首先，吃饭前，我们要让长辈先动碗筷用餐，随后才轮到自己，不能抢在长辈的前面。

　　吃饭时，要端起碗；夹菜时，应从靠近盘边的位置夹起；咀嚼要闭嘴嚼，细嚼慢咽。在吃饭过程中，要尽量自己添饭，并主动给长辈添饭夹菜。

　　吃饱后，要轻轻放下碗筷，用餐巾纸或餐巾擦嘴。假如自己先吃完，要与父母及其他长辈打过招呼，才能离开座位。

吐
tǔ

吐　　　吐　　　吐

小篆　　　隶书　　　楷书

　　"吃"是把食物等放到嘴里经过咀嚼咽下去，"吐"是使东西从嘴里出来，它们都跟嘴巴有关，所以都有"口"字旁。"吐"的右边是"土"，这是它的声旁，表示读音，所以"吐"是个形声字。除了"tǔ"这个读音，"吐"字还有一个读音"tù"，比如呕吐。

汉字故事馆

| 周公吐哺 |

周武王带领军队推翻了商纣王的统治，建立了周王朝。周武王因为操劳国事，一病不起。临终时，周武王把自己年幼的儿子，也就是后来的周成王托付给了自己的弟弟周公旦，请求他辅佐周成王治理国家。

从此，周公旦数十年如一日，尽心竭力地辅佐周成王处理政事，国家一片安定祥和。周朝分封时，把鲁地封给了周公旦，周公旦便派他的儿子伯禽前去管理。临走的时候，周公旦告诫儿子说："我是文王的儿子，武王的弟弟，成王的叔父，在全天下人中我的地位不算低了，可是一旦有宾客来访，我就算是在洗头的时候也会把湿的头发握起来，在吃饭的时候也会把口中正在咀嚼的饭吐出来，好让自己可以赶快出来迎接宾客，生怕失去天下的贤人。希望你到了鲁国以后，不要因为自己身居高位而骄傲自满、目中无人。"伯禽听了父亲的教诲后，果然礼贤下士，谦虚待人，鲁国在他的管理下成为"礼仪之邦"。

后来人们就用"周公吐哺"来比喻身居高位的人求贤若渴、礼贤下士、谦虚待人。

汉字知识馆

　　在各种商家的柜台上，店主常常会摆放一尊口吐钱币的三腿金蟾的雕像，以求财源广进，这一习俗的背后，有一个很有趣的传说。相传古代有位叫刘海的道士，用计降服了长年危害百姓的妖精金蟾，并断了它一条腿。此后金蟾将功赎罪，帮助穷人，口吐财宝，散发钱财，三腿金蟾也因此有了财源滚滚的美好寓意。

吐

听

tīng

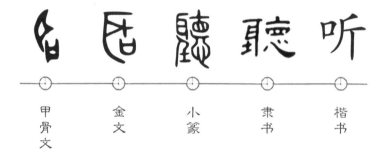

| 甲骨文 | 金文 | 小篆 | 隶书 | 楷书 |

古人在造"听"这个字的时候，选取了听声音和发生声音时会用到的两个器官：耳朵和嘴巴。你看甲骨文的"听"字，左边是一只大大的"Ϝ（耳朵）"，右边是一个表示嘴巴的"ㅂ（口）"，合起来就表示耳朵正在听嘴巴说话呢。后来，"听"字左边的耳朵消失了，而在右边增加了一个表示读音的声旁"斤"，就成了现在的"听"字。

汉字故事馆

| 道听途说 |

战国时期，齐国有个人名叫艾子，有一次，艾子正带着学生在街上走，遇到了一个爱说空话的人，大家都叫他毛空。

毛空神秘地跟艾子说："有个人家的一只鸭子，一次生了一百个蛋。"艾子不相信，说："不会有这样的事吧！"毛空说："那可能是两只鸭子。"艾子摇摇头："这也不可能！"毛空急了，说："那也可能是三只、四只、八只、十只鸭子！"艾子当然还是不相信。

于是毛空又换了一件事，他对艾子说："上个月，天上掉下一块肉来，有三十丈长、十丈宽。"艾子实在忍不住，再也不想听毛空瞎说了，于是反问道："世界上哪有三十丈长、十丈宽的肉，你亲眼看见过吗？它又掉在什么地方呢？刚才你说的鸭子又是哪一家的呢？"

毛空被问得哑口无言，支支吾吾地说："那都是我在路上听别人说的。"艾子听后笑了，他转身对站在身后的学生说："你们可不要像他那样'道听途说'啊！"

后来人们就用"道听途说"指在路上听来的话，又在路上向人传播，也泛指没有根据的传言。

汉字知识馆

　　"兼听则明，偏信则暗"中"兼听"指听取多方面的不同意见；"明"指的是明辨是非；"暗"指糊涂，辨不清事实真相。整体的意思是说，在了解一件事的时候，要同时听取各方面的意见，才能正确认识事物；如果只相信单方面的话，必然会犯片面性的错误。

响
xiǎng

小篆　　　隶书　　　楷书

古人认为"响"是指有声音，所以"响"的篆文下面是一个"音"字。后面的隶书和楷书繁体也延续了篆文的基础字形，整体变化不大。后来，人们觉得"**響**"写起来太麻烦，于是就简化成现在笔画更少的"响"字啦。

汉字故事馆

| 响遏行云 |

战国时，秦国有个名叫薛谭的年轻人，他的嗓音条件不错，也非常热爱音乐。于是，他拜了秦国著名的歌手秦青为师。经过一段时间的刻苦学习，薛谭歌唱的水平有了很大的提高。他觉得自己已经把秦青的技艺全学会了，可以出师了，就对秦青说了自己的想法。秦青听后，没有阻止，不动声色地说："好吧，明天我给你饯行。"

第二天，秦青在郊外摆酒为薛谭饯行。临别的时候，秦青打着拍子，动情地唱了一支悲伤的歌曲。高亢婉转、抑扬顿挫的歌声震动了树木，飘向空中，天空中飘动前行的白云仿佛也被这歌声阻挡不动了。

听了老师精彩的演唱，薛谭才意识到自己的唱歌水平无法与老师相提并论。他十分惭愧地说："老师，我原来以为自己的水平和您差不多了，现在才知道差得太远。请老师原谅我吧，我想继续跟着您学习。"秦青听了很高兴，又重新收他做了学生。从此以后，薛谭一直非常虚心地跟随老师学习，终生都不敢再说离开的话了。

汉字知识馆

　　"快马不用鞭催，响鼓不用重锤"是一句广泛流传于民间的言简意赅的谚语，它的本义是一匹上好的马，不用挥鞭催促，就能跑得很快；一面鼓面质量好的上乘的鼓，即使不用很大的力气敲也会很响。后来，这句谚语就被用来比喻一个头脑比较有条理的、聪明的人有了缺点或错误，不需要详细地指出他的错处，只要稍微提醒他，他就能改正自己的缺点或错误。

吓

xià (hè)

嚇　　　吓

隶　　　　　楷
书　　　　　书

"吓"是形声字，它最早是由"口"和"赫（hè）"组成，明明读作"xià"，为什么会用"赫"当声旁呢？如果你知道"恐吓（hè）"这个词，那就不会感到奇怪啦。后来，人们把"赫"简化成了"下"，它的发音也随着声旁的变化而变化，于是"吓"就变成了一个多音字，比如威吓（hè）、吓（xià）唬。

汉字故事馆

| 死诸葛吓走活仲达 |

《三国演义》中的诸葛亮足智多谋，他常常用妙策神谋取得战争的胜利。

诸葛亮率领十万大军从斜谷出兵攻打魏军时，两军对峙了一百多天。在这期间，诸葛亮身患重病，带着出师未捷的遗憾离开了人世。诸葛亮病逝后，蜀国开始撤军。司马懿得到了诸葛亮已经离世的消息，虽然心中仍担忧这是诸葛亮的计策，却还是决定派兵追击蜀军。但是诸葛亮死前就料到了司马懿会出兵追击，因此他在离世前命人做了一个自己的木雕像，放在他的四轮车上。司马懿收到探子来报，说蜀营已空无一人。司马懿半信半疑，就率兵来到蜀军的营地，发现蜀营果然已经空空如也。他唯恐蜀军撤走，赶紧带领人马向前追杀而去。等到司马懿追兵一到，蜀军就掉头杀了回来，只见"汉丞相武乡侯诸葛亮"大旗在蜀军中飘动，姜维把那个放着木雕像的四轮车推出来，远远看去，真像是诸葛亮坐在那里！这可吓坏了司马懿，以为又中了诸葛亮的计。于是下令往回逃，魏军也陷入恐慌，丢盔弃甲，自相践踏。

后来司马懿得知，诸葛亮确实死了，他看见的"诸葛亮"仅仅是一尊木雕像而已，但那时蜀军已经全部退回汉中，他后悔也没用了。

汉字知识馆

　　"吓"是一个多音字，有"xià"和"hè"两个读音，当它的读音为"xià"时，表示使害怕，比如：我被吓了一跳；兔子受到了惊吓。当"吓"读音为"hè"时，表示恐吓、恫吓等；当它做表示不满时，它的读音也是"hè"，比如：吓，你怎么可以这样！

吓

言　说　诗
课　让　请

言 yán

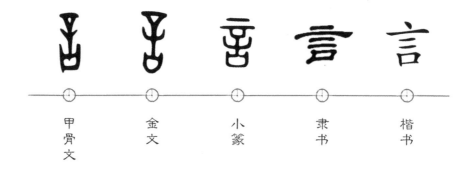

| 甲骨文 | 金文 | 小篆 | 隶书 | 楷书 |

　　"言"字的甲骨文，下面 ▯ 表示嘴巴，上面像从嘴巴里面伸出来的舌头，舌尖上的一横指代话语通过舌头传达出来。"言"的本义就是指人说的话，它在做偏旁的时候，通常会简化为"讠"，所以我们看到带"讠"的字，就可以猜到这个字可能跟说话有关哟。

| 一言九鼎 |

战国时期，赵国有个人叫毛遂，他在平原君的门下做门客。当时秦国的军队包围了赵国的都城邯郸，形势十分危急，赵孝成王派平原君到楚国请求救援。这时，毛遂自告奋勇，要和平原君一同前去，平原君就带着他一起前往楚国。

平原君到了楚国后，马上面见楚王谈"援赵"的事，但是谈了半天也没有结果。这时，毛遂对楚王说："我们今天来请您派兵援助，您却一言不发，可是您别忘了，楚国虽然兵多地广，却连连吃败仗，连国都都差点儿丢掉了，今天我们来和您讨论对付秦国的事，并不是为了赵国，而是为了楚国呀！"楚王听了毛遂的一席话后，顿时口服心服，立即答应出兵救赵，从而成功化解了赵国的危机。

平原君回到赵国后，便称赞毛遂说："先生一到楚国，就让赵国的地位比九鼎还要重，先生的三寸不烂之舌，真是胜过百万大军呢！"从此以后，毛遂从一个默默无闻的门客变成了一位受人尊敬的上客。

后来人们根据这个故事，引申出"一言九鼎"的成语，用来形容所说的话分量很重，作用很大。

汉字知识馆

　　寓言会用妙趣横生的故事来阐述道理，给人以启示，通常比较简短。寓言的主人公可以是人，也可以是拟人化的动物、植物或其他事物。寓言一词最早出现在《庄子》中，在春秋战国时兴起，当时的一些思想家会把寓言当成与他人辩论的手段，民间也会创作大量的口头寓言故事。有许多成语都出自古代寓言故事，比如狐假虎威、刻舟求剑、掩耳盗铃等。

说
shuō

小篆　　　隶书　　　楷书

　　"说"字表示用语言来表达意思，所以左边为"言（讠）"。"说"字还有解释、主张、批评等意思。

汉字故事馆

| 庄子说剑 |

战国时期的赵惠文王非常喜欢剑术，有三千多剑士希望成为他的门客，在他面前展示剑术，日夜搏击，每年死伤的多达上百人。像这样过了三年，赵国国力就衰弱了，赵国太子赵悝觉得这很危险，就请来庄子，让他去劝说赵惠文王。

庄子见到赵惠文王后对他说："我听说大王喜欢剑术，因此带着剑来见您。我的剑十步杀一人，千里不留行。"赵惠文王听了非常高兴，准备选出优秀的剑士与庄子比试。

过了七天，赵惠文王选出五六位剑士，然后把庄子请来，问："先生使什么剑？"庄子说："我有天子剑、诸侯剑、庶民剑，大王可以听后决定用哪一把。"赵惠文王问："什么是天子剑？"庄子说："天子剑以燕溪石城为剑锋，以齐地岱岳为剑刃，以晋国魏国为剑脊，以周国宋国为剑环，以韩国卫国为剑柄，以四夷四时为剑鞘，以渤海常山为佩缨，用这种剑能够征服诸侯、统一天下。"赵惠文王听后十分茫然，又问："什么是诸侯剑？"庄子说："诸侯剑以智勇双全的人为剑锋，以清高廉洁的人为利刃，以贤良的人为剑脊，以忠厚圣明的人为剑环，以英雄豪杰为剑柄，用这种剑能调和民意、安邦定国。"赵惠文王接着问："那什么是庶人剑？"庄子说："庶人剑是那些剑士们的剑。这种剑只能砍掉头颅、刺破肝肺，于国无用。大王如今是天子，却喜欢庶人剑，我觉得您有些看不起自己。"

这就是庄子说剑的故事。

汉字知识馆

东汉时，有一位叫许慎的杰出的文字学家。他历经21年著成《说文解字》一书，此书是我国第一部按部首编排的字典。《说文解字》有14卷，分540个部首，收载9353个文字，是我国第一部系统地分析汉字字形和考究字源的书。该书系统地阐述了汉字的造字规律——六书（象形、指事、会意、形声、转注、假借），还搜集了各种钟鼎彝器上的刻辞。《说文解字》开创了部首检字的先河，后世的字典大多采用这个方式。它还为后世的文字研究奠定了基础，影响深远，至今仍是汉字研究的重要参考资料。

诗
shī

| 小篆 | 隶书 | 楷书 |

最早的"诗"其实就是古人说的带韵律节奏的、有抑扬腔调的话，所以"诗"字的左边是"讠"。而"诗"字右边的"寺"字跟"诗"的读音接近，是"诗"的声旁，在这里表示读音。

汉字故事馆

| 七步诗 |

曹操死后，曹丕做了皇帝。传说，有一天曹丕的弟弟曹植来拜见他，曹丕对曹植说："我和你虽然是亲兄弟，但现在也是君臣。君臣有别，以后你可不许仗着自己的才学，不讲君臣的礼节啊！"曹植低着头，小心翼翼地回答："是！"曹丕又说："父亲在世的时候，常常夸赞你的诗歌文章。我问你，那些诗歌文章是你自己写的吗？"曹植回答说："都是我自己写的。"曹丕阴沉着脸说："好！现在你就给我作一首诗。你在殿上走七步，七步之内必须把诗作出来。如果走完了七步，诗还没有作成，我就治你的罪！"曹植明知道曹丕是想找借口除掉他，但君命难为，只得回了一声："是。"随即在殿上走起步来，走一步，念一句，七步还没走完，诗就作出来了。诗是这样的：

煮豆持作羹，漉菽以为汁。

萁在釜下燃，豆在釜中泣。

本是同根生，相煎何太急？

在这首诗里，曹植把曹丕比作豆茎，把自己比作豆子，等于在责备曹丕：咱们本来是亲兄弟啊，你为什么要这样迫害我呢？曹丕听了曹植念的诗，深感羞愧，也就没再为难曹植了。

汉字知识馆

古诗是中华民族珍贵的文化遗产，是古代文人的智慧结晶。很多才华横溢的诗人也在诗史长河中留下了自己的丰碑，获得了专属于他的称号。他们都是谁呢？快来和我一起看看吧！

称号	诗人
诗圣	杜甫
诗仙	李白
诗魔	白居易
诗神	苏轼
诗狂	贺知章
诗佛	王维
诗鬼	李贺

课 kè

小篆　　隶书　　楷书

　　看到"课"字，我们通常会想到上课，但是"课"在古代最早与上课是没有任何关系的，而是指古代专门负责考核工作成果的办事机构，有时也指负责征税的税务机关，如：课税。因为课税有一定的规则，带有考核的意义，所以后来人们从中引申出上课的意思。

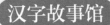

汉字故事馆

| 王洙窗外听课 |

宋代有一个叫王洙的孩子，他的家里很穷，念不起书。为了生活，他五六岁就去给人家放鹅。

一天，王洙发现离学堂不远有一条小河，顿时高兴万分——他终于有了学习的机会。从此，他每天早早地把鹅赶到河里，自己则跑到学堂的窗外听老师讲课。王洙对学习的渴望被窗内的老师看在眼里，他十分欣赏好学的王洙，不仅默许王洙在窗外听课，还送给王洙很多书籍。长大后，勤奋刻苦的王洙成了宋朝的著名学者。

汉字知识馆

　　早期古代儿童的启蒙课本有周代的《史籀篇》，秦代的《仓颉篇》《爰历篇》等。宋代以后的启蒙课本我们就比较熟悉了，使用最多的是《三字经》、《百家姓》和《千字文》。《三字经》三字一句，主要介绍伦理道德、名物知识、历史兴替以及勤学典范等。《百家姓》四字一句，韵律规整。《千字文》产生于南北朝时梁代，也是四字一句，有250句，共1000字。有趣的是，这1000字没有重复，而且每句都有讲解的知识。这些书籍现在也是儿童学习传统文化的启蒙读物。

让
ràng

讓　　　讓　　　让

小篆　　　隶书　　　楷书

"让"是一个形声字，一看它带有"言（讠）"，你是不是已经知道了这个字可能与言语有关了？没错，它确实与言语有关，只是这里的"言（讠）"表示言语责备，所以这个字的本义其实是责备，后来才引申出礼让的意思。

汉字故事馆

| 孔融让梨 |

东汉时期，有个名叫孔融的孩子，他是孔子的第二十世孙。孔融年幼的时候就聪慧伶俐，是个非常懂事的孩子。

有一天，家里的大人拿来一盘梨放在桌上，给孔融和他的哥哥们吃。哥哥们很谦让，也很爱护年纪最小的孔融，就让孔融先拿。

孔融盯着盘中黄澄澄的梨左瞧右瞧，最后从一盘梨中挑出了一个最小的梨，津津有味地吃了起来。家里的大人看见孔融拿了最小的梨，觉得很奇怪，便问孔融："盘子里这么多的梨，哥哥们又让你先拿，你为什么不拿个大的，反而拿一个最小的呢？"孔融认真地回答说："我是弟弟，应该尊重兄长，而且我的年纪最小，食量也最小，所以应该拿个最小的梨，把大梨留给哥哥们吃。"大人们听到孔融的回答，都觉得开心又惊奇。要知道，那时的孔融才四岁，却聪明早慧，懂得谦让的道理，实在是很让人欣慰。宗族内其他的亲戚听说了这件事后，也都认为年幼的孔融是个奇才。

"孔融让梨"的故事告诉我们，做事要懂得谦让。这也是我们中华民族的传统美德。

汉字知识馆

在古代，统治者的首领之位一般都是由其后代继承的，这种制度叫作"世袭制"，这个制度的缺点很明显，就是继承天子之位的人可能并不具有统治国家的才能，甚至可能是祸国殃民的昏君。

上古时期，也就是尧舜禹的时代，还存在过另一种继承制度——禅让制。尧在去世前，就主动退位，将自己的首领之位传给了德才兼备的舜。舜之后又将首领之位传给了贤明的大禹。大禹年老时，把首领之位传给了贤臣伯益，但大禹的儿子启却用武力夺取了帝位，禅让制至此终结。

让

王廷制畫

请

qǐng

金文　小篆　隶书　楷书

　　"请"是一个礼貌用语，表示说话恭敬，所以"请"字的左边是"讠"，右边的"青"字是声旁，表示读音。古时候，去拜访上级或者长辈就叫"请"。但是现在"请"已经成了人们的口头礼貌用语，我们在表达对人尊敬的时候都可以用它。

汉字故事馆

| 请君入瓮 |

唐朝时，女皇帝武则天任用了很多酷吏，其中有一个叫周兴，还一个叫来俊臣，他们残害了许多正直的文武官员。

有一次，有人告发周兴谋反，武则天大怒，命令来俊臣严查这件事。来俊臣心想：周兴是个狡猾奸诈的人，该怎么让他说实话呢？

终于，他想出了一条妙计。他准备了一桌丰盛的酒席，把周兴请到自己家里，两个人边喝边聊。酒过三巡，来俊臣叹口气说："我平时办案，经常遇到一些犯人死不认罪，不知你有没有什么好办法呀？"周兴得意地说："这还不好办！你找一个大瓮，四周用炭火烤热，再让犯人进到瓮里，你想想，还有什么犯人会不招供呢？"来俊臣连连点头称是，随即命人按周兴说的那样做，然后回头对周兴说："有人说你谋反，皇上让我严查，现在就请你自己钻进瓮里吧！"周兴一听，手里的酒杯"啪嗒"一声掉在地上，跟着他就跪倒在地，连连磕头说："我有罪，我有罪，我招供！"

后来人们就用"请君入瓮"来比喻用某人整治别人的办法来整治他自己。

汉字知识馆

　　请安是古代的一种问候礼节，也就是问安，一般是对尊长起居的问候、问好。古人还根据请安对象的不同，创造了很多请安用语，比如和家里的长辈请安常说"叩请金安"；和师长请安常说"敬请讲安"等。古代常用的请安用语就有近百种，可见古人对礼节的重视程度。

第五组

心 想 息
急 怕 忙

心
xīn

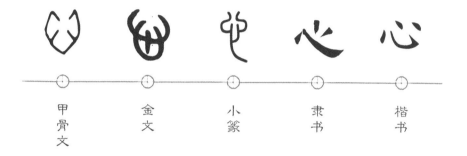

| 甲骨文 | 金文 | 小篆 | 隶书 | 楷书 |

　　"心"是个象形字，"心"字的甲骨文，它的边缘就像一个心脏的样子，而那几条短短的横线，就像心脏上的血管。古代由于科技不发达，古人都认为是心在主管着人的思想，所以很多与心理活动有关的字都用"心"字当偏旁。

汉字故事馆

| 司马昭之心，路人皆知 |

司马昭是三国时期魏国人，他的父亲司马懿是魏国的重臣。魏明帝曹叡死时，曾托付曹爽与司马懿辅佐曹芳治理天下。可曹爽与司马懿互相排挤，两人展开了激烈的权力争斗，最终司马懿获胜，魏国的军政大权落入了司马氏手中。司马懿死后，他的大儿子司马师废除了已经成年但迟迟未能亲政的曹芳，另立十三岁的曹髦为帝，权势比司马懿更大，但没有多久，他就病死了。司马师病重的时候，把一切权力交给了弟弟司马昭。

司马昭总揽大权后，野心更大，总想取代曹髦。年轻的曹髦知道自己这个"傀儡"皇帝迟早会被司马昭除掉，就打算铤而走险，发动突袭，干掉司马昭。

一天，曹髦把跟随自己的心腹大臣找来，对他们说："司马昭之心，路人皆知也。我不能白白忍受被推翻的耻辱，我要你们同我一道去讨伐他。"几位大臣心知这样做是飞蛾扑火，都劝他暂时忍耐。在场的一个叫王经的大臣对曹髦说："当今大权落在司马昭手里，满朝文武都是他的人；君王您力量薄弱，如果莽撞行动，后果不堪设想，应该慎重考虑。"

可曹髦不听劝告，亲自率领数百名仆从、侍卫去袭击司马昭。谁知早有人把这消息传给了司马昭。司马昭立即派兵阻截，把曹髦杀了。

后来，人们用"司马昭之心，路人皆知"来说明阴谋家的野心非常明显，甚至被所有人都知晓。

汉字知识馆

我们常用五脏六腑来表示身体的内脏器官，那你知道五脏六腑究竟指的是哪些器官吗？

五脏是指心、肝、脾、肺、肾，六腑则指胆、胃、小肠、大肠、膀胱和三焦。不过这些器官名称虽然大多与现代医学里的脏器名称相同，但古人认为的脏腑的生理功能、形态结构特点，与现代的器官系统学说却不完全一致，所以不能完全把两者等同起来。比如，古人认为心是思维器官，一切意志、情感、思考都是由心来完成的。

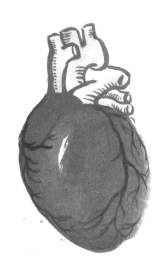

xiǎng

小篆　　　　隶书　　　　楷书

　　"想"字的声旁是"相"，下面的"心"字是指想这种行为跟心脏有关。古人认为是心引发一切想法。其实，心脏只是给我们的血液流动提供动力，而大脑才是主管思想的器官，所以，当我们在想一个问题的时候，其实是大脑在思考在想。

汉字故事馆

| 痴心妄想 |

从前，有个特别懒惰的穷人，他过着吃不饱、穿不暖的日子，却不愿意劳动，整天无所事事，做着发财的白日梦。

一天，他在家门口捡到一枚鸡蛋，他认为这枚鸡蛋就是他转运的开始，便迫不及待地和妻子畅想未来。他对妻子说："我一会儿就去找邻居借他家的母鸡孵蛋，等小鸡孵出来，长大后又可以下蛋。鸡生蛋，蛋生鸡，过几年我们就能有五百只鸡。五百只鸡能够换来五头母牛，母牛又生母牛，不出几年，我们就能有上百头牛。卖掉这上百头牛，我们就可以用卖牛的钱去放高利贷，这样利滚利，钱生钱，不出三年，我们就能买很多田产房屋。买了田产房屋，我们就把它们租赁出去，再用租赁田产房屋赚到的租金买仆人、小妾。到时候，我们二人便可以过快活的日子了！"

妻子最开始也满怀期待，可听到最后却勃然大怒，吼道："什么，你还想买小妾？"说罢，便一掌把鸡蛋打碎了。那人一看承载着发财重任的鸡蛋被打碎了，立刻暴跳如雷，跑到衙门去告状，说："我妻子这个毒妇，毁了我偌大的家业。"县令问："你有多少家业？现在又毁成了什么样子？"这个人便把捡到鸡蛋的事以及之后的幻想原原本本地告诉了县令。县令听了哈哈大笑，说："你可真是白日做梦，痴心妄想啊！"

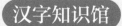

汉字知识馆

中国人的浪漫是婉转热烈又深入骨髓的。现在我们就来欣赏古人的浪漫，积累一些表达"想念"的诗句吧！

一日不见，如三秋兮！——《采葛》

相思难表，梦魂无据，惟有归来是。——欧阳修《青玉案》

红豆不堪看，满眼相思泪。——牛希济《生查子》

思悠悠，恨悠悠，恨到归时方始休。——白居易《长相思》

酒入愁肠，化作相思泪。——范仲淹《苏幕遮·怀旧》

锦瑟无端五十弦，一弦一柱思华年。——李商隐《锦瑟》

息

xī

| 金文 | 小篆 | 隶书 | 楷书 |

"息"字的金文分成上下两个部分，上面其实是一个鼻子的形状，而下面的线是模拟鼻子下面呼出的气。古人认为人的气息是从心底发出来的，为了强调这一点，篆文的"息"字下面部分代表的就是"心"。

| 仰人鼻息 |

东汉末年，董卓专权，上欺天子，下压群臣，无恶不为。因此，各州郡的势力共同推举袁绍为盟主，纷纷起兵讨伐董卓。

冀州的韩馥负责盟军的粮草供应，他看到袁绍势力越来越雄厚，害怕他夺取自己的地盘，就故意少给他们军粮。袁绍见韩馥如此对待自己，气愤不已。

一天，袁绍的一位谋士对袁绍说："你想讨伐董卓，就必须有一块容身之地。冀州富庶，粮草充足，而且冀州牧韩馥又没什么才能，您为什么不把冀州夺过来，作为养兵之所呢？"袁绍采纳了谋士的建议，一方面假装要率军队攻打冀州，一方面派遣自己的亲信劝韩馥拱手献出冀州。

而韩馥知道自己的才能和威望都不如袁绍，眼下又有重兵威胁，便打算让出冀州，以保全性命。他把这个想法对部下讲了，反对的呼声却很大。很多将领对韩馥说："咱们冀州兵强马壮，贮存的粮食足够吃十年；而袁绍的人马就是一群穷军孤客，依靠我们从鼻子里吹出来的气而活着，我们凭什么要把冀州白白让给他？"可韩馥没有听部下的劝说，还是把冀州让了出去。

袁绍得了冀州，实力大大增强。一次，韩馥看到袁绍与别人附耳交谈，以为他们在密谋杀掉自己，十分害怕，最后自杀而死。

汉字知识馆

几千年前的《击壤歌》中曾唱道："日出而作，日入而息。凿井而饮，耕田而食。"这首诗歌描绘的是什么景象呢? 在远古时代，劳作的农民的时钟就是太阳。天一黑，人们就结束一天的劳动，回到家里睡觉休息了；等到第二天天亮了，他们从睡梦中醒来，扛起农具，到田里开始新一天的劳作，人们凿井取水喝，耕田种粮吃。古人就这样过了几千年淳朴的生活，"日出而作，日入而息"的作息规律，也陪伴着中国古代的劳动人民度过了几千年的时光。

急 jí

小篆　　　　隶书　　　　楷书

　　我们从"急"的篆文字形上可以看出，下面的部分代表的是"心"，"心"表示着急，是一种心理状态，上面的"⻎"跟我们现在的"及"字非常像，它读音和"急"一样，是"急"的声旁。到了隶书时，"急"字下面就写成了"心"。

汉字故事馆

| 当务之急 |

有一次，孟子的弟子问他，现在要学习和要去做的事情很多，究竟应该先学习什么，先做些什么呢？孟子回答说："有智慧的人知道自己要做的所有事，但会先做所有事中最急需办的那件事，而不是每件事都想着去做。比如仁德是所有人都喜爱的，但我们应该先爱自己的亲人和贤者。就连古代圣明的君主尧和舜，都不能同时做所有的事情，因为他们急于去做眼前最重要的事。尧舜二人的仁德也不是爱所有的人，因为他们最爱的是他们的亲人和贤人。"接着，孟子又从反面来回答这个问题："假如一个人的父母死了，他不去服三年的丧期，却对服三个月、五个月丧期的礼节很讲究；假如一个人在长者面前吃饭时，没有礼貌地狼吞虎咽，咕咚咕咚地大声喝汤，却去讲究不能用牙齿咬断干肉的规矩，这就是舍本逐末，不知道当前最急迫、最应该做的事情是什么。"

后来，"当务之急"指当前急切应办的事。

汉字知识馆

　　西汉有一位叫史游的人写了一本叫《急就篇》的字书，作为古代儿童的识字启蒙课本。书中分章介绍姓氏、饮食、服饰、器物、花卉、虫鱼、药品、动物、植物、官职等，内容多为短句，读起来琅琅上口，非常适合儿童朗读、背诵。书中内容不仅能教导儿童习字，还有引导儿童认识世界、接触社会百态的作用。时至今日，我们也能透过《急就篇》了解汉代的文化、生活，体会汉代多彩的文化。

怕

pà

汉字小秘密

小篆　　　隶书　　　楷书

"心"在汉字下面的时候是心字底，那"心"在左边就是竖心旁啦。"怕"的左边就是个竖心旁，表示这种情绪跟心有关系，右边的"白"字是声旁。"怕"的本义是指心里感到害怕。我们在学这个字的时候，可以联想到人在害怕的时候大脑经常会一片空白。怎么样，是不是一下子就记住了呢？

汉字故事馆

| 初生牛犊不怕虎 |

"初生牛犊不怕虎"是一句形容年轻人思想上顾虑少，敢作敢为的俗语。古代许多文学作品中都有这种"初生牛犊不怕虎"的人物，《三国演义》中的庞德就是其中之一。

东汉末年，关羽率军与曹操争夺襄阳，曹军大败，只好退守樊城，等待曹军将领庞德率军救援。

到了樊城，庞德让士兵们抬着一口棺材，走在队伍的前面，表示誓与关羽决一死战。两军对阵，庞德耀武扬威，指名要关羽与他决战，并语出不逊，狂妄地挑衅着。关羽得知后，果然勃然大怒，纵马横刀前去迎战。两人在阵前大战了二百多个回合，不分胜负，两军各自鸣金收兵。

庞德回到营帐后，对众人说："人人都说关羽是英雄，今天我信了。"另一位曹军大将问他："我听说你和关羽大战了上百回合，也没占到上风，那为何不先退回来避一避呢？"庞德回答道："我来日还要与他一决生死，誓无避退之意！"

另一边关羽回到营寨，也认为庞德很勇猛，他对儿子关平说："庞德的刀法非常娴熟，真不愧为曹营勇将啊。"关平说："俗话说'初生牛犊不怕虎'，对他不能轻视啊！"

后来，关羽打败曹军，俘虏了庞德。庞德至死都立而不跪，不肯屈服。

汉字知识馆

表示害怕的歇后语：

狗见扁担——拔腿就跑

小娃娃放爆竹——又爱又怕

一朝被蛇咬——十年怕井绳

老虎拉车——没人敢（赶）

苻坚逃到八公山——草木皆兵

惊弓之鸟——远走高飞

忙
máng

隶
书

楷
书

　　"忙"是一个形声字，"亡"字表示读音。"忙"的本义为急迫，也可表示事情多、没空闲。人在匆忙的时候容易发生错乱，我们通常会用"手忙脚乱"来形容。乐于助人的我们该怎样帮助他人避免手忙脚乱的情况呢？于是，"帮忙"这个词就应运而生啦。

汉字故事馆

| 忙里偷闲 |

北宋时期，有位叫黄庭坚的著名文学家和书法家，他才华横溢、文采过人，最难得的是，他有着豁达的胸襟。

黄庭坚从小就十分聪明，书看几遍就能够背诵。有一次，他的舅舅到他家做客，拿着书架上的书考他，黄庭坚对答如流。他的舅舅很惊奇，连连夸奖他。他长大后写的诗文，让苏轼都赞不绝口，认为世上很久都没有这样好的诗文了。

后来，黄庭坚考中进士，做了官，可仕途却十分坎坷，为官不久就遭人诬陷，被贬黜到很偏远的地方。

这个时候，黄庭坚的亲戚和朋友都为他的前途感到非常担心，可是他自己却不太在意，好像贬官这件事对于他来说并没有什么影响，他还是吃得饱、睡得香，像以前一样。

后来，黄庭坚再次遭到诬陷，又被贬到了更偏远的地方。这一次，黄庭坚住在一个破烂、潮湿又阴暗的房子里，旁人光是看看都无法忍受，不禁同情起黄庭坚来。但不幸的遭遇和恶劣的环境并没有使黄庭坚消沉，他依旧以乐观的心态去面对。他在诗中写道："人生政自无闲暇，忙里偷闲得几回。"意思是说："我这辈子一直在为政事忙碌，很难有闲暇放松的时刻，如今这样忙里偷闲的宝贵时光能有几回呢？"此后，他将更多的精力与心血投入到文学创作当中。

汉字知识馆

春节是中华民族最隆重的传统佳节。在这期间，人们都要举行各种活动以示庆祝，忙年歌也就由此诞生。小朋友们一起来读一读下面的忙年歌吧！

小孩，小孩，你别馋，过了腊八就是年。

腊八粥，喝几天，哩哩啦啦二十三。

二十三，糖瓜粘。二十四，扫房子。

二十五，做豆腐。二十六，去割肉。

二十七，宰年鸡。二十八，把面发。

二十九，蒸馒头。三十晚上熬一宿。

大年初一扭一扭，除夕的饺子年年有。

忙年歌就是对春节习俗比较全面的总结，当然在不同的地区，人们的习俗会稍有不同，你的家乡有哪些特别的春节习俗呢？

第六组

拿
采

手
掰

手
掰

手

shǒu

| 金文 | 小篆 | 隶书 | 楷书 |

"手"是个象形字，因为古人在创造"手"这个字的时候，是直接按照自己手的样子画出来的。"手"的金文就像一只手上五个手指头都伸开的样子，中间那个手指还微微弯曲着呢。手是我们身体重要的一部分，它能帮我们做很多事，所以人们常用"心灵手巧"来夸一个人很能干。

汉字故事馆

| 上下其手 |

春秋时期，楚国出兵攻打郑国。当时楚国实力强大，弱小的郑国实在是没有能力抵抗，最终郑国战败，郑国的将领皇颉也被楚国的将领穿封戌俘虏了。

战事结束后，楚王的弟弟公子围想冒认俘获皇颉的功劳，于是穿封戌和公子围发生了争执，彼此都不肯让步，一时没有办法解决。后来，他们便请伯州犁做公证人，来判定这是谁的功劳。

伯州犁便命人把皇颉带来，向他说明原委，然后故意把手抬得很高，毕恭毕敬地指着公子围说："这位是公子围，他是我国国君最宠爱的弟弟！"接着，伯州犁又把手压得很低，不屑一顾地指着穿封戌说："这个人叫穿封戌，是我国方城外的一名小县尹。你看清楚，是这二位中的哪一位生擒了你呀？"

很明显，伯州犁有意偏袒公子围。皇颉从伯州犁的手势中明白了他的意图，于是便指认是公子围俘获了自己，说道："我皇颉是碰上了公子围，才打了败仗的。"于是伯州犁便把生擒皇颉的功劳判给了公子围。

"上下其手"这个成语便是出自这个故事，指玩弄手法，暗中作弊。

汉字知识馆

拱手作揖是中国古代的礼节之一。古人见面时需行礼，一种是两手在胸前相抱以示敬意，称为"拱手"；另一种是两手抱拳高拱，身子略弯，向人敬礼，称为"作揖"。拱手用于见面问候，迎送宾客；作揖用于尊长，更加隆重。

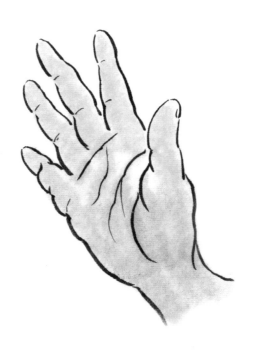

拿
ná

汉字小秘密

小篆　　　隶书　　　楷书

我们在拿东西的时候，会习惯性用手去抓这个东西，古人也是这样，所以"拿"字的下面是个"手"字。在日常生活中我们可不要随意拿别人的东西哟，那样是不礼貌的。

汉字故事馆

| 狗拿耗子，多管闲事 |

相传，在一个小村子里有户人家，家里养着一只猫和一只狗。每天早上，猫一看见男主人外出干活，就在家门前呼呼大睡！老鼠一看见猫在睡觉，就悄悄地去家里找东西，弄得家里乱七八糟。

忠实的看门狗看见了，就跑去猫那儿，用脚推了推猫。猫打着哈欠说："什么事啊？"狗说："懒猫，别睡了！快去抓老鼠吧！"猫说："你别管。"狗又用脚推了推猫，猫生气了，说："别多管闲事，看你的门去。再吵我，我就对你不客气！"无可奈何的狗只好愁眉苦脸地走到门前趴下。

这时，看到这一幕的老鼠们都来笑话狗。狗立刻怒气冲天，跑进家里，三下五除二就把几只老鼠咬死了，其他老鼠看见了，害怕得四处逃散。不一会儿，老鼠就被狗全部消灭掉了。狗累坏了，便躺下睡着了。

主人回来了，他看见精神十足的猫站在被咬死的老鼠旁边，高兴极了，再回头看熟睡的狗，狠狠地踢了一脚，狗痛得嗷嗷直叫。这时，狗才明白，原来狗拿耗子，是多管闲事。

后来，"狗拿耗子，多管闲事"就成了形容一些人越界行事的俗语。

汉字知识馆

　　古代大臣上朝时会手拿一个长板，这个长板叫笏（hù）板，又称手板、玉板或朝板。笏板最初的用途是记录天子的命令和旨意，或在笏板上写下要向天子上奏的事宜，当作备忘录使用。

　　后来笏板成为礼仪用品，材质由竹木升级为玉或象牙。唐代武德四年以后，笏板有了等级之分，五品以上的官员才能用象笏，六品以下的官员只能用竹笏。笏板的形状也有等级规定：三品以上官员的笏板，前拙后直；五品以上官员的笏板，前拙后屈，后又改为上圆下方。明代以后，只有五品以上的官员用象笏，五品以下的官员连笏板都不能用了。从清朝开始，官员们都不再使用笏板了。

掰

bāi

隶
书

楷
书

"掰"是一个会意字，我们可从它的字形领会其意思：左右两只手将东西从中间分开，这就是古人在创造"掰"这个字时想要表达的情景。比如中秋节时，当我们吃不完一整块月饼时，就可以将它掰开一人一半，在分享美食的同时体会"掰"这个字的含义。

汉字故事馆

｜三兄弟掰筷子｜

古时候，有一位农夫，家里有三个儿子。这三个儿子总是不能好好相处，经常为了一点儿小事吵架，平时也比着偷懒，生怕自己多干活。他们互相瞧不起、看不惯，每个人都认为自己最有本事。家里被他们搞得乱七八糟，日子过得也越来越艰难。农夫曾多次语重心长地劝说他们，可他们仍然不听。

有一天，农夫叫儿子们去拿一捆筷子来。拿来筷子后，他先把整捆筷子交给儿子们，叫他们掰断。小儿子先试，他使出了吃奶的力气，可筷子纹丝不动。老二嘲讽道："原来你就这么点儿力气啊，快别丢人现眼了。"随后他抢过筷子，可是用尽了力气也无法将筷子掰断。老大说："你们两个废物，还是看我的吧。"结果，他累得满头大汗也没能掰断筷子。

随后，农夫解开那捆筷子，给他们每人一根。兄弟三人轻轻一掰就将筷子掰成了两段。这时农夫意味深长地说："孩子们，你们要像这捆筷子一样团结一致，你们团结起来，就好比一捆筷子，谁也掰不断；可如果你们互相争斗不休，便很容易被别人打垮。"

兄弟三人明白了父亲的良苦用心，从此团结友爱、互相帮助、共同劳动，日子也过得越来越好。

汉字知识馆

"狗熊掰棒子——掰一个丢一个"是大家耳熟能详的歇后语。狗熊喜欢吃玉米，每到玉米快要成熟时就喜欢到地里去掰玉米棒子。但是，狗熊掰玉米棒子时有个特点，总是先掰一个玉米棒夹在腋下，等到掰下一个的时候，还是想夹在腋下，但一抬胳膊，先前的那个玉米就掉了。因此，狗熊无论忙活多久，最终留在腋下的只有一个玉米，人们便将狗熊掰玉米棒子的特点说成了一句歇后语，用来形容一些人做事情顾头不顾尾，最终收获很小。

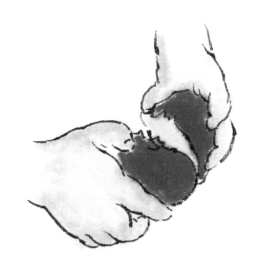

采

cǎi

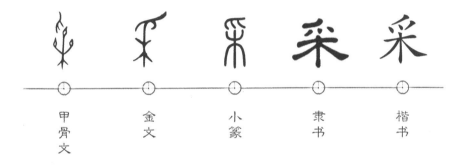

甲骨文	金文	小篆	隶书	楷书

　　你看甲骨文的"采"，上面看起来是不是很像个"爪"字？其实它是一只伸向下方的"手"，而"采"的下面就是一棵结满果子的树啊。所以"采"的本义就是用手去摘树上的果子。这个"采"字是不是很形象呢？

汉字故事馆

｜端午节采艾草的传说｜

传说，远古时期，有一只水怪想淹没一些村庄做他的地盘。可是他的想法被天上的神仙知道了，神仙担心地上的百姓遭殃，便想了一个办法。

神仙砍了艾草做成宝剑，去找水怪决斗，经过几天几夜的战斗，神仙终于打败了水怪。神仙要水怪答应他，只要是神仙的子孙，就不能去侵犯，如果做不到，神仙就会做法取水怪性命。水怪答应了，神仙告诉他，凡是墙上挂艾草的人家就是自己的子孙，是不可以侵犯的；没有挂艾草的人家，就可以归水怪所有。

到端午的时候，水怪乘着浪头来了。可不管水怪来到哪一户人家的屋檐下，他都会看见屋檐下挂着一束艾草。水怪跑遍了整个村庄，筋疲力尽，却一座房子都没淹。最后，天黑了，水怪只好悻悻地回去了。

原来那天决斗后，神仙就把手中用来做宝剑的艾草撒到了百姓住的房子上面，用这样的方式保护百姓。后来，每到端午节，人们就会早早地出门采艾草，挂在自己家的墙上来吓退水怪。

汉字知识馆

　　"采菊东篱下，悠然见南山"是田园诗派的创始人陶渊明《饮酒（其五）》中的名句，这首诗是他在经历官场沉浮，看淡名利，归隐田园后所作。句中"悠然"一词写出了作者那种恬淡闲适、对生活无所求的心境。菊花是高洁的象征，这显示出诗人内心向往宁静淡泊，渴望超脱尘世的追求，而透过"采菊"的"采"字，可以看出诗人对自然的喜爱与亲近。

第七组

扔　打　捧
抱　拍

扔

rēng

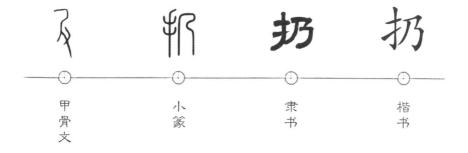

甲骨文　　小篆　　隶书　　楷书

　　"扔"字的甲骨文笔画很简单，左上方是一道弯曲的线条，就像一根树枝，右下方是个"手"的形状，代表人的右手。因此，"扔"的本义就是用手把东西丢出去。

汉字故事馆

| 张飞扔鸡毛——有劲难使 |

民间传说张飞骁勇善战，但性情也非常狂傲自大。他看不上诸葛亮这种书生，觉得书生只靠一张嘴，不配和带兵打仗的自己相提并论，地位自然也不可以在自己之上。

于是张飞常在刘备面前说自己比诸葛亮厉害，但刘备这个人很爱惜人才，他非常欣赏诸葛亮的才华。刘备对张飞说："你可以和诸葛亮比试一下，看看你们两个到底谁比较厉害。"于是，张飞邀请诸葛亮进行比试，诸葛亮立刻就答应了。张飞决定和诸葛亮比谁力气大，这是张飞最擅长的。

这时候诸葛亮对张飞说道："我这个人出了名的力气大，和你比力量有点对不住你。这样吧，我就让你一步，你来扔鸡毛，我来扔石头，这样对你也有好处，就算我赢了，也赢得心安理得。"头脑简单的张飞不知道诸葛亮在使诈，立刻就答应了。

比试开始，诸葛亮先扔了石头，只见他悠悠地将石头扔了出去，只扔了几步远。张飞一看便得意忘形，仿佛他已经胜利了一样，只见他使出了吃奶的力气，把鸡毛扔了出去，但是鸡毛在空中慢慢地飘了几下，最终落在了张飞的脚下。就这样，诸葛亮靠自己的才智赢了比试，张飞也一改往日的态度，对诸葛亮尊重起来。

汉字知识馆

　　大家是不是都玩过扔沙包的游戏？这可是我们中国的传统游戏，人数达到3个人或者3个人以上就可以玩。这个游戏是用沙包作为"投杀"武器。在规定场地的两边都用沙包投掷站在中间的人，中间的人若被沙包打中则下场，只要用手接住"打手"们扔过来的沙包就能多一条"命"。扔沙包要求玩游戏的人既能抗击打，还要有猴子一样灵巧的身手，更重要的是得眼观六路、耳听八方，练就腾挪躲闪的功夫。你是扔沙包游戏高手吗？

打

dǎ

小篆　　　隶书　　　楷书

"打"这个字的范围可广了，我们可以说"打牌""打电话""打球"，但是，古人最早用"打"字表示的是用手钉钉子的动作，这也就是"打"字的右边是个"丁"字的原因啦。不过，现在"打"字右边的"丁"字是声旁，只表示读音了。

汉字故事馆

| 打草惊蛇 |

南唐时，有一个名叫王鲁的人，他是当涂县的县令。王鲁做官的时候，非常贪婪，只考虑自己的利益，常常接受贿赂、无视法规。他的手下也做了很多违法的事，当地的百姓对他们痛恨到了极点。

有一天，朝廷派人来巡察地方官员的情况，当地百姓便递了一张状纸到衙门，控告王鲁手下的种种不法行为。状纸首先递到了王鲁手上，王鲁一看，状纸上所写的各种罪状，全都和自己干过的坏事相同，状纸虽是告手下几个人的，但王鲁觉得跟告自己一样，仿佛下一次，百姓们便会递上控诉他的状纸，揭发自己在当涂县做的坏事。

王鲁越看越害怕，内心怎么也平静不下来，他用颤抖的手在状纸上写下了八个大字：汝虽打草，吾已蛇惊。意思是你们这样做，是为了打地上的草，但我这条躲在草里面的蛇，却被吓一大跳了！

后来，人们就根据王鲁所写的八个字"汝虽打草，吾已蛇惊"，总结出了"打草惊蛇"这个成语。

汉字知识馆

"打"是个多音字，它有两个读音："dǎ"和"dá"。

"打"读作"dǎ"时的意思较多，主要有：用手或器皿撞击物体，比如打鼓；放射、发出，比如打雷、打电话；制造，比如打柜子；举、提起，比如打灯笼。除此之外，还有凿开、涂抹、印、画、捆等意思，这些意思都是表示动作的。

"打"读作"dá"时是量词，也就是做数量单位的词。一般情况下"一打"指十二个，比如一打铅笔。

捧

pěng

捧　　　捧

隶　　　楷
书　　　书

　　"捧"是形声字，"奉"是它的声旁，表示发音。在古代有举起双手行礼的意思，表示尊敬，所以古人有奉茶、奉陪等敬辞。而人们给它加上"扌"，是为了强调"捧"这个动作需要双手完成，这么看来，这个"扌"加得还是非常合适的。

113

汉字故事馆

| 西子捧心 |

西施是中国历史上的四大美女之一，是春秋时期越国人。她的一举一动都优雅美丽，十分吸引人，只可惜她身体不好，有心口痛的毛病。

有一次，她在河边洗完衣服准备回家，在回家的路上，胸口突然疼痛起来，所以她就用手捂着胸口，皱着眉头，缓缓地往家走。虽然这是她非常难受才做出的动作，但是见到她这个样子的村民们却都称赞她这样比平时更美丽。同村有位名叫东施的女孩，长得不大好看，她见村民都夸赞西施用手捂胸口的样子很美丽，便也学着西施的样子捂着胸口，皱着眉头，在人们面前慢慢地走动，以为这样就会变得好看，会有人称赞她。可她本来就长得丑，再加上刻意模仿西施的动作，那装腔作势的怪样子，让人不禁厌恶。

后来，这个故事就演变出了"东施效颦"等成语。东施效颦常用来比喻盲目模仿，效果很坏。

汉字知识馆

　　相声是我们耳熟能详的一种曲艺形式，以"说、学、逗、唱"为主。最常见的相声表演形式是对口相声，也就是两个演员表演的相声，主导表演的人是"逗哏"，辅助对话的人是"捧哏"。虽然与逗哏演员相比，捧哏演员的台词非常少，但捧哏演员的作用也是不可忽视的，捧哏捧得好，逗哏的"包袱"才能达到最好的效果。老话说"三分逗，七分捧"，这足以看出对捧哏演员的重视。

抱
bào

小篆　　　　隶书　　　　楷书

　　"抱"字的读音主要来自它右边的"包"字。从篆文字形上看，右面部分就像一个婴儿蜷缩在妈妈子宫里的样子，因为四周都被包裹着，所以后来引申出"包围""包裹"的意思。孩子出生后还不会走路时，爸爸妈妈就会用手抱着，所以"抱"字左边是"扌"。

汉字故事馆

| 抱薪救火 |

战国时期，魏国常常受到秦国的入侵。魏国的安釐王即位后，秦国加紧了进攻的步伐，魏国则连连战败。安釐王对此十分担心。就在这个时候，魏国军队中的一位大将段干子建议安釐王，把南阳割给秦国，请求罢兵议和。安釐王以为割让土地就可以求得太平，便照段干子的话做了。

当时有个叫苏代的谋士，是一贯主张"合纵抗秦"的苏秦的弟弟，他也极力主张各诸侯国联合起来抵抗秦国。苏代得知魏国割地求和的事后，就对安釐王说："秦国是贪得无厌的，你想用土地去换取和平是不可能的，只要你的国土还在，就无法满足秦国的欲望。这就好比抱着柴草去救火，柴草一把一把地投入火中，火怎么能扑灭呢？柴草不烧完，火就不会熄灭。"尽管苏代讲得非常有道理，可胆小的安釐王却说："道理是这样的，可是事情进行到了这一步，已经不能更改了。"最后，安釐王还是依段干子的意见把魏国大片土地割让给了秦国。

公元前225年，秦军果然又向魏国大举进攻，包围了国都大梁，掘开黄河大堤让洪水淹没了大梁城，魏国最终被秦国灭掉了。

汉字知识馆

抱拳，是一种礼节，一手握拳，另一手抱着拳头，合拢在胸前，表示问候、祝贺或辞别。

抱

拍

pāi

小篆　　　　隶书　　　　楷书

　　"拍"这个字与手有很大的关系，所以"拍"字的左边是"扌"，右边的"白"字是它的声旁，用来表示读音，所以"拍"字是个形声字。

汉字故事馆

| 溜须拍马 |

"溜须拍马"这个成语用来形容对他人阿谀奉承。其实，它是由意思相同的"溜须"与"拍马"构成。

我们先说"溜须"。这个故事来自宋朝一位有名的宰相——寇准。寇准以耿介爽直闻名。当时他手下有一帮手，叫丁谓，这个人喜欢阿谀奉承。有一次，几个大臣一起吃饭，丁谓看到寇准胡子上挂了一些菜汤，便急忙上前用自己的手帕为他揩拭，却被寇准嘲讽："好赖你也是一介朝廷重臣，怎么还给上司干这种溜须的事儿呢？"这就是"溜须"的由来。

接下来，我们再说"拍马"。"拍马"这个词原本并没有阿谀奉承之意，很久以前，人们如果在路上遇到有人骑着好马，常常会拍拍对方马的屁股，连连称赞。后来，人们不管在路上遇到的马好不好，都会习惯性地客套一番，即使对方的马很瘦弱，也会奉承一番。渐渐地，"拍马"一词就有了阿谀奉承的意思。

这就是"溜须拍马"的由来。

汉字知识馆

你听说过"三言二拍"吗？"三言"和"二拍"是我国古代广为流传的短篇小说集，"三言"是指明代冯梦龙所编的《喻世明言》、《警世通言》和《醒世恒言》；"二拍"是指凌濛初所编的《初刻拍案惊奇》和《二刻拍案惊奇》。这些作品内容丰富，从各个角度不同程度地反映了当时市民阶层的生活面貌。如果你对古人的生活感兴趣，可以找来这些作品读一读！

足　路　跑
跳　踢

足
zú

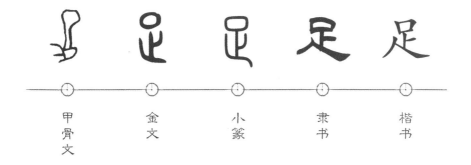

| 甲骨文 | 金文 | 小篆 | 隶书 | 楷书 |

　　"足"是个象形字，它的甲骨文就像人的小腿连着脚掌：上面像小腿肚子微微鼓起的样子，下面是脚掌的形状。古人最早是用"足"字来指代脚，用"脚"来指代我们的小腿。后来经过漫长的发展，"足""脚"才都用来表示脚，而"足"更多是用在书面语中。

汉字故事馆

| 画蛇添足 |

相传在战国时期，楚国有一个主管祭祀的官员，在一次典礼结束后，他拿出一壶酒赏给来帮忙祭祀的门客。可是门客这么多，要怎么分这壶酒呢？于是，门客们商量说："我们几个人喝这壶酒不够，请大家在地上画蛇，先画好的人就喝这壶酒。"

其中有一个人很快就把蛇画好了，而且画得也很像，于是就拿起酒壶准备饮酒。可是他没有直接把酒喝掉，反而左手拿着酒壶，右手又拿起树枝在画好的蛇身上添了几笔，边画还边说："我能够给蛇添上脚！"就在他给蛇添脚的时候，另外一个人也把蛇画好了。第二个画好的人一把从第一个人手里抢过酒壶，说："我们从来就没有见过长着脚的蛇，你画的带脚的东西根本就不是蛇。"说罢便咕咚咕咚把酒喝完了。那个给蛇画脚的人只能眼睁睁地看着别人喝美酒，品尝自己多此一笔酿下的苦果！

汉字知识馆

古代的女人真的"足不出户"吗？答案可不是绝对的。首先，平民家庭如果只靠男人劳作，是无法维持生计的。因此，大部分人家的妻女都要参加劳动，不可能终日足不出户。能做到"大门不出，二门不迈"的，往往都是权贵人家的贵妇和小姐。再者，并不是所有的朝代都要求女性足不出户。唐代民风较为开放，女性是可以自由出行的。到了宋代，女子虽然能出行，但出门时往往要遮住面部。明清两代可就不像唐宋时期那么开明了。明代有官府禁止妇女出游的法令，清代类似的禁令更是层出不穷。这也不难看出，封建礼教对女性的压迫在明清时期达到了顶峰。

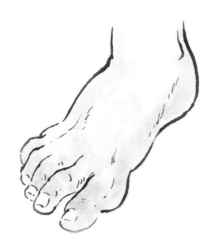

路

lù

| 金文 | 小篆 | 隶书 | 楷书 |

"路"是用来走的，而人用什么走路呢？当然是脚，所以"路"字的左边是"⻊"，而右边的"各"字是声旁。

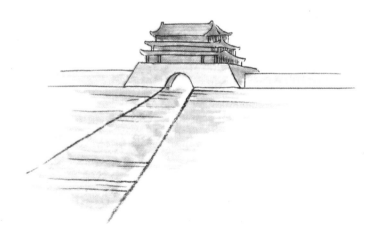

汉字故事馆

| 歧路亡羊 |

有一天，杨子的邻居发现自家丢了一只羊，于是立即召集全家老小去找丢失的羊，并请求杨子让他的童仆也和他们一起去找羊。

杨子说："才丢了一只羊，何必派这么多人去找？"邻居说："山野、田间岔路多，人少了分派不过来。"杨子觉得这话有理，就派童仆一起去找羊。那人带领大家沿着赶羊的大路走，一遇到岔路就派一个人沿岔路去寻找。没过多久，他带去的人都被分派出去了，只剩下自己独自走大路。可是没走多远，前面又出现了岔路。他站在岔路口左右为难，只好选择其中一条路走。走着走着，前面又出现了岔路。邻居无可奈何，只好往回走。回家后，其他人都说自己也遇到了岔路。杨子见他们回来了，就去问邻居："找到羊了吗？"邻人答道："没有，我知道大路边有岔路，所以找羊时多带了几个人，可是没想到岔路上还有岔路。"杨子由这件事想到：求学如果没有找到正确的方向，就有可能像邻人走失的羊一样，再也找不回来。

后来这个故事被浓缩成"歧路亡羊"，用来比喻因情况复杂多变而迷失方向，误入歧途。

汉字知识馆

西汉时，张骞出使西域，开辟了以长安为起点，途经甘肃、新疆，到中亚、西亚，并联结地中海各国的陆上通道。因为这条路西运的货物中丝绸制品的数量最多、影响最大，所以被称为"丝绸之路"。后来，丝绸之路成了横跨欧亚大陆的古老贸易交通线，也成了中国与西域国家文明交流的纽带。同时，大量域外作物随着丝绸之路的发展被陆续引入中国。

跑

pǎo

跑　　　跑　　　跑

小篆　　　隶书　　　楷书

　　"跑"需要借助脚的力量，所以"跑"用"足"来作偏旁，右边的"包"字是它的声旁，表示发音。"跑"的本义是动物用脚刨地，因此它还有一个读音叫作"páo"。在之后的一段时间里，"跑"字还曾代替过"走"字，不过它表示的是急走。直到后来，"跑"才有了今天奔跑的意思。

| 将军额上能跑马 |

北宋时期有一个著名的大将军，叫作狄青。狄青家境贫寒，从小跟自己的哥哥相依为命。他十六岁的时候，被当地的流氓欺凌，哥哥为了保护他跟流氓打了起来，结果不小心将对方打成了重伤。

狄青自愿顶替哥哥下了大狱，因为确实事出有因，县令也同情狄青兄弟的遭遇，所以没有重罚狄青，但还是按照律例在他面上刺了字。当时在面上刺字是十分严厉的刑罚，被刺字的人一辈子都要带着这个耻辱的痕迹被人指指点点。狄青的哥哥很懊悔，他反而安慰哥哥。出狱之后，狄青就从军了。

狄青在军中颇受重用，很快就从一个普通骑兵成长为大将军。虽然他精通领兵打仗，但是面上的刺字却一直十分显眼，军中不少士兵常常在私下因为狄青面上的刺字议论纷纷。

狄青的副将知道之后，很生气，他禀告狄青，要求狄青好好整治整治这些胆敢私下议论大将军的人。狄青听后却一笑了之，他对副将说："我自己脸上有刺字是事实，没什么好掩饰的。这些士兵不过是议论议论，也没什么大不了的。"他认为自己作为一军统帅，不仅要能领兵打仗，更要能照顾好自己的将士们。因此只要不违反军纪，就算这些将士想要在自己额头上跑马，他也能忍。

狄青的这番话在军中传开了，士兵们纷纷称赞他有雅量，能容人，"将军额上能跑马"这句话也自此流传开来。

后世，人们就把"宰相肚里能撑船，将军额上能跑马"连在一起，用于夸奖人心胸宽广。

汉字知识馆

跑马灯是中国传统玩具之一，又叫走马灯、串马灯，是灯笼的一种。过去，一到春节、元宵、中秋等节日，小朋友们就会找出自己的跑马灯，点着灯内的蜡烛。蜡烛被点燃后产生的热气会使灯内的轮轴转动。轮轴上有剪纸，烛光将剪纸的影投射在屏上，图像便不断走动。孩子们大多在灯的轮轴上绘制古代武将骑马的图画，而灯转动时看起来好像几个人在你追我赶一样，所以这种灯就被叫作"跑马灯"。

跳 tiào

跳　　　跳　　　跳

小　　　　隶　　　　楷
篆　　　　书　　　　书

　　从偏旁就可以看出，"跳"字是一个跟脚有关的动作，"兆"字是它的声旁，表示读音。"跳"的本义是跳跃，其本义现在我们还在使用，比如跳水、跳远等。有时候我们也用"跳"来表示一起一伏地动，比如心跳、眼皮跳等。

汉字故事馆

| 鲤鱼跳龙门 |

很早以前，龙门还没有被凿开，伊河的水流到这里就会被龙门山挡住，在山南积聚成了一个大湖。居住在黄河里的鲤鱼听说龙门的景色优美，都想去观光。它们从黄河出发，路过洛河，又顺着伊河来到龙门山下，但龙门山上没有水路，上不去，它们只好聚在龙门的北山脚下。"我有个主意，咱们跳过这龙门山怎样？"一条大红鲤鱼对大家说。"龙门山那么高，怎么跳啊？""跳不好会摔死的！"鲤鱼们七嘴八舌拿不定主意。

大红鲤鱼便自告奋勇地说："我先跳，试一试。"只见它从半里外就使出全身力量，加速冲刺，像离弦的箭一样，纵身一跃，一下子跳到了半空飘浮的云里，带动着空中的云和雨往前飞去。一团天火从身后追来，烧掉了它的尾巴。它忍着疼痛，继续朝前飞跃，终于跃过龙门山，落到了山南的湖水中，一眨眼就变成了一条巨龙。

山北的鲤鱼们见此情景，一个个吓得缩在一块儿，不敢再去冒这个险了。这时，天上忽然降下一条巨龙说："不要怕，我就是你们的伙伴大红鲤鱼，因为我跳过了龙门，所以就变成了龙，你们也要勇敢地跳呀！"

鲤鱼们听了这些话，备受鼓舞。可是除了个别的鲤鱼跳了过去，化为了龙，大多数都跳不过去。而那些跳不过去，从空中摔下来的，额头上就落下了一个黑疤。直到今天，这个黑疤还长在黄河鲤鱼的额头上呢。

汉字知识馆

跳板是朝鲜族的一项传统体育游戏。跳板类似于跷跷板，是一条用木架支住中心的长木板。玩跳板的时候，需要两个人分别站在木板两端，依次轮流跳起，一方跳起后下落的重力会将另一方弹起，在空中腾跃。

踢

tī

隶
书

楷
书

　　"踢"是脚部的动作，当然要用"⻊"来当偏旁了，右边的"易"字是声旁，表示发音。"踢"是指抬起腿用脚撞击，比如我们常见的体育游戏，踢足球、踢毽子，都与"踢"这个动作有关。

汉字故事馆

| 识别踢人的马 |

伯乐是我国古代擅长识别马的人，他相马的名声家喻户晓。

有两个人从很远的地方慕名而来，想要拜伯乐为师，向他学习相马的本领。伯乐将自己相马的诀窍讲给他们听，同时又带他们四处观察、识别各种各样的马。这一天，伯乐带着这两个人一起到赵简子的马厩里去看马，要他们说出哪匹马爱踢人。其中一个人仔细观察了一会儿，指着一匹马说："这就是匹爱踢人的马。"另一个人则用手去摸马的屁股，他连续摸了很多遍，可这匹马却没有踢人。

识马的人见马很温顺，以为自己看错了，觉得很难为情。摸马的人见他对自己正确的看法产生了动摇，便对他解释说："其实你并没有看错，这匹马的确是一匹踢人的马。它没有踢我，是因为它受了伤。你看，它的肩部疲沓，是筋骨劳损的表现；前腿的膝关节肿胀说明这马失过前蹄，所以它也就难以踢人了。你善于识别踢人的马，可是没有细心观察马身上是否有伤痛。"从此，识马的人在相马时，都会全面地了解情况，仔细分析后才得出结论。

汉字知识馆

足球是大家都不陌生的一项运动，不过你可能不知道，早在2000多年前的春秋战国时代，我们的先辈就已经开始"踢足球"了，不过，那时的人们管这项活动叫"蹴鞠"。在中国古代，人们把用脚踢的动作称为"蹴"；"鞠"最早是外面包着皮革、内部填满米糠的球。所以"蹴鞠"是指用脚踢皮球的活动，类似今天的踢足球。据史料记载，蹴鞠从汉代开始成了兵家练兵的方法，宋代又出现了蹴鞠组织与蹴鞠艺人，清代开始流行冰上蹴鞠，这足以看出古人对蹴鞠的喜爱。

2006年，蹴鞠经国务院批准列入第一批国家级非物质文化遗产名录。

走　赶　起
趣　赵

走
zǒu

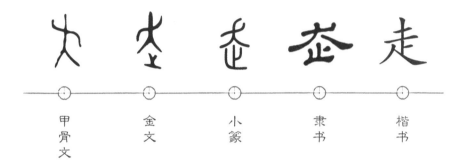

| 甲骨文 | 金文 | 小篆 | 隶书 | 楷书 |

"走"字的甲骨文就像一个人摆动双臂大步奔跑的样子。但是你可不要以为古时的"走"就是走路的意思，从它的甲骨文我们就可以看出，"走"的本义是跑的意思。金文时，为了强调用脚走，还在下面加了个"止（脚）"，整个字的意思也就更明确了。

139

汉字故事馆

| 不胫而走 |

东汉末年，有一个名叫盛孝章的人才能非常出众，他住在东吴，是孔融的好友。盛孝章为人耿直、孤傲，却受到东吴孙氏政权的威胁和侮辱，处境十分危险。孔融时时为他担心，生怕哪一天盛孝章就被杀掉了。于是，孔融给曹操写了一封信，在信中介绍了盛孝章的才华和处境，希望曹操能招纳盛孝章。孔融在信中写道："如果您想要实现自己的政治抱负，就得先踏踏实实地寻找有才能和见识的人；而想要得到这样的人，就一定要尊重他们。"他打了个比方道："珠玉本来没有脚，是无法移动的，但因为有人欣赏喜欢，还是会落到人的手中。而有才能和见识的人是有脚可以行走的，只要尊重贤才，贤才就会自己主动跑来。"

"不胫而走"这一成语便出自这里，比喻事物用不着推行就能到处流传。

汉字知识馆

　　我们在前面说到，"走"字在古代表达"奔跑"的意思，那么在古代，人们是如何表达"走路"的呢？古代用来表达"走路"的字可不少，不同的走路方式有不同的说法。像"行"字的意思是行走；"趋"是快走；"跋"是翻山越岭或踏草而行。

走

赶

gǎn

小篆   隶书   楷书

　　"赶"是一种行走的状态，所以用"走"字作为偏旁，右边的"旱"字是声旁，表示发音。在简体字中，人们为了简化这个字，就用"干"替换了"旱"，这也更符合"赶"的发音。"赶"的本义是追赶，现在的"赶"字除了本义之外，也引申出了驱逐的意思，比如驱赶、赶走。

汉字故事馆

| 赶集的故事 |

赶集是一种民间风俗，因为到集上进行交易的时间较短，多者不过一天，少则半个时辰，整个过程很赶，所以人们就把到集上进行物资交换的行为叫作"赶集"。下面的这个故事，就是在赶集的路上发生的。

从前，一对父子带着一头毛驴去赶集，父亲骑驴，儿子跟在后面走。没走多远，迎面来了一位抱着孩子的母亲，她见儿子跟在毛驴后面气喘吁吁，就气愤地说："这父亲真狠心，自己坐在驴背上享福，却让儿子走路。"父亲一听，赶紧让儿子骑驴，他在前头牵着驴走。

过了一会儿，父子二人又碰上一位老先生，老先生见儿子骑着毛驴，就大声斥责："你真不孝顺，自己优哉地骑驴，却让老爹给你牵驴。"儿子一听，连忙让父亲和他一起骑驴前行。

刚走了几步，二人又遇上一位老太太，老太太见毛驴累得两腿打战，便说："这爷俩真残忍，那么一头瘦驴，要被他们俩压垮了。"父子二人听后，只得从驴背上下来，打算走到集市去。

走着走着，迎面又来了个小孩儿，他看见父子二人牵着毛驴，便哈哈大笑说："世上竟有这么蠢的人，放着好好的驴子不骑，累得一头汗。"

这下父子二人彻底没了主意，在路上左右为难。可见，人要有自己的主见，不能过分重视别人的评价。

汉字知识馆

不知道小朋友们听到"进京赶考"这个词时，会不会想："古代的书生好辛苦呀，考试都得到那么远的京城去才行。"其实，并不是所有的读书人都有机会"进京赶考"的，书生们得先参加童生试，通过了叫中秀才；中了秀才，才有资格参加乡试，乡试一般在本省考，乡试通过了叫中举。中了举，才有资格进京参加会试和殿试，也就是可以"进京赶考"啦。不过中举可不是容易的事，要在全省的秀才中名列前茅才能中举。会试的时间是固定的，一般在三月，因此，去京城参加会试的举子，就要提前出发。为了减少参加会试的举子赶路的辛苦，朝廷会给路途较远的举子发放路费补贴和火牌，举子们可以凭火牌在沿路的驿站领取马车一驾。

起

qǐ

小篆　　　　隶书　　　　楷书

在篆文时期，"起"字由"走"和"巳"两部分组成，其中，"走"作为形旁，表示"起"字与行走、行动有关，"巳"作为声旁，表示"起"的发音与"巳"的发音相近。随着时间的推移，"巳"字逐渐演变为"己"字，形成了我们现在所熟知的"起"字。

汉字故事馆

| 闻鸡起舞 |

晋代有个人叫祖逖，他是个胸怀坦荡、具有远大抱负的人，希望能够恢复中原失地。他意识到不读书就不能报效国家，于是发愤读起书来。他广泛阅读书籍，认真学习历史，从中汲取了丰富的知识，学问大有长进。

后来，祖逖和好友刘琨一同担任司州主簿。他与刘琨感情深厚，不仅常常同床而卧，同被而眠，而且还有着共同的远大理想：成为国家的栋梁之材，建功立业，复兴晋国。

一次半夜，祖逖在睡梦中听到公鸡的鸣叫声，他一脚把刘琨踢醒，对他说："别人都认为半夜听见鸡叫不吉利，我偏不这样想，咱们干脆以后听见鸡叫就起床练剑如何？"刘琨欣然同意。于是他们每天在鸡叫后就起床练剑，剑光飞舞，剑声铿锵，春去秋来，寒来暑往，从不间断。

后来，祖逖被封为镇西将军，实现了他报效国家的愿望；刘琨做了都督，也充分发挥了他的文才武略。

汉字知识馆

《水浒传》是元末明初施耐庵编著的章回体长篇小说，是我国四大名著之一，也是我国第一部以农民起义为题材的小说。故事的原型是北宋末年山东人宋江领导的农民起义。作者在民间传说和说书人、文人创作的基础上，对故事进行了加工和再创作，写出了这部小说。书中描述了农民起义从发生、发展到失败的全过程，还讲述了108位英雄好汉，在分别经历了不同的坎坷磨难后，迫于无奈，在梁山起义的过程。他们顺应天意，除暴安良，并反抗官府，但后来却接受了朝廷的招安，导致了全军覆没的悲剧结局。小说深刻地揭露了当时社会的黑暗和腐朽，形象地指出了"官逼民反"是农民起义的根本原因，歌颂了起义英雄奋起反抗的精神，也反映了农民起义的不彻底性和个人性格的极端性。

趣

qù

| 金文 | 小篆 | 隶书 | 楷书 |

现在的"趣"字是有趣、趣味的意思，但是"趣"字的左边是个"走"字，难道是说走路很有趣吗？当然不是了，"趣"字左边的"走"是大步走的意思，右边的"取"是声旁，表示读音。"趣"的本义是趋向，后来才慢慢引申出趣味的意思。

汉字故事馆

| 苏东坡趣事 |

苏东坡是北宋著名的文学家，他和当时的白云寺怀仁和尚交情颇厚，但是两人在一起的时候，时常斗嘴，流传下不少幽默风趣的故事。

一天苏东坡去找怀仁和尚玩，一进庙门便大声喊："秃驴何在？"怀仁和尚一看是苏东坡，便微笑着说："东坡吃草。"

后来，苏东坡被贬黄州后，一天傍晚，他和另一位好友佛印和尚在长江泛舟。正举杯畅饮间，苏东坡忽然用手往江岸一指，笑而不语。佛印顺势望去，只见一条黄狗正在啃骨头，立刻领悟了苏东坡的意思，他在打趣自己。但佛印和尚的才智不输苏东坡，只见他气定神闲地将自己手中题有苏东坡诗句的扇子抛入水中。两人对视良久，不禁大笑起来。

原来，这是一副哑联。苏东坡的上联是：狗啃河上（和尚）骨。佛印的下联是：水流东坡诗（东坡尸）。

汉字知识馆

和"趣"有关的成语

自讨没趣：指做事不妥当，反而让自己受窘。

妙趣横生：洋溢着美妙意趣（多指语言、文章或美术品）。

闲情逸趣：指悠闲的心情和安逸的兴致。

相映成趣：相互衬托着，显得很有情趣，很有意思。

赵
zhào

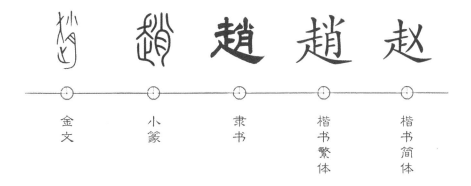

| 金文 | 小篆 | 隶书 | 楷书繁体 | 楷书简体 |

我们现在说起"赵"字，一般是指姓氏，但是，"赵"字的左边是个"走"，难道这个姓氏跟"走"有什么关系吗？其实不是的，"赵"最开始是快步走的意思，后来被人借去当国名和封地名，比如赵国，后来又从国名演变为姓氏，到现在，已经与走路没有任何关系了。

| 围魏救赵 |

战国时，魏国的大将庞涓率领大军包围了赵国的都城邯郸。赵国的国君和大臣们十分害怕，乱作一团，慌慌张张地派使者到齐国，向齐国国君求救。

齐威王见了赵国的使者后，决定出兵帮助赵国，于是，任命田忌为大将，孙膑为军师，带领大批军队前去搭救赵国。大将田忌准备直接与魏军的主力交锋，而孙膑却拦住了他，劝说道："现在魏国的主力部队在攻打邯郸，那么他们的都城大梁留守的士兵一定很少。如果我们直接攻打大梁的话，魏国一定会从邯郸撤兵，回去保大梁。这样就可以轻松地给赵国解围。"

田忌觉得很有道理，便采纳了孙膑的建议，率领军队攻打大梁。庞涓听闻国都被攻打后果然中计，立马从邯郸撤兵回来救大梁。魏军一撤，赵国的危机自然也就解除了。后来，人们用"围魏救赵"这个成语指袭击敌人的后方，以迫使进攻之敌撤回的战术。

汉字知识馆

　　小朋友们对《百家姓》应该很熟悉了，都知道排在《百家姓》第一位的姓氏是"赵"。虽然"赵"是个很常见的姓氏，可并不是人口数量最多的姓氏，为什么它能排在《百家姓》的第一位呢？原因很简单，《百家姓》是宋朝时编写的，而宋朝是赵家的天下，"赵"自然就成为当时的国姓，肯定要排在第一位啦。